東京五輪と
ジャーナリズム

松瀬　学
小田光康
著

創文企画

まえがき

10年も前になろうか。ある夏の昼下がり、マスコミ業界に進む学生が多い私立大学のある学部で「スポーツ・ジャーナリズム論」の集中講義をしていたときの話だ。筆者はこの日、午前9時からぶっ通しで話し続けていた。17世紀に始まる英国の市民革命から始まった。続いて、これを背景にして誕生した民主主義と自由主義の体制や市民社会の成立、ジャーナリズムの揺籃になった当時のロンドン市内のコーヒー・ハウスと公共圏の関係、その傍流とも言えるパブ（パブリック・ハウス）でのギャンブルとスポーツとの結び付き、そしてマックス・ヴェーバーの『職業としての政治』に登場する周囲から忌み嫌われても信念を突き通そうとするジャーナリスト像について話し終え、ようやく一息入れようとしたときのことだ。

校舎の外は炎天下。土埃の中で駆け回る褐色の額がまぶしい学生選手の姿も見える。クーラーが効いた教室に入ると一転して涼しく快適だ。早朝からの練習帰りで、授業中に舟を漕ぐ学生も多かった。すると、一方的な講義内容のけだるさと、教室に覆われた眠気を切り裂く質問が飛んできた。「この授業はマスコミに就職してスポーツの記者やカメラマンになる方法や、スポーツの実況解説や選手や監督への取材の仕方、スポーツ写真の撮り方を勉強するんじゃないのですか？　期待していたスポーツ・ジャーナリズム論と違いますぎます。もっとオリンピックの舞台裏や選手の裏話を聞かせてください」。

一人が堰を切ると、次々に質問が続く。「マスコミがどのようなビジネス・モデルを使ってオリンピックで収益を上げているのですか」。どうやらこれらの学生は、マスコミとジャーナリズムを同義語と捉えていたようだ。

マスコミとは不特定多数の大衆に大量の情報を伝達するマス・コミュニケーション（大衆伝達）、あるいはマス・コミュニケーションの媒体・メディアであるマス・メディアを指す。マス・メディアは一般的に公共性を持つ営利企業といわれ、ニュース報道分野もあれば情報・娯楽分野もある。平たく言えば、マスコミは多種多様なコンテンツを入れる箱で、そこに入れる一つのコンテンツが時事的な報道や論評といったジャーナリズムである。

学生からの質問が長らく脳裏から離れなかった。筆者は教員として教壇に立ちながらも、記者として現場取材を続けてきた。この間、ジャーナリズムの理想と現実。理論と実践の間に挟まる靴の中の小石に悩まされ続けてきた。同じ立場の共著者の松瀬学氏とてこの据わりの悪さを抱いてきた。二人の共通したこの違和感から浮かび上がったのが本著の主題、公共性と商業主義に視座を据えた、五輪とメディアの関係性の問題である。この公共性にジャーナリズムが介在する。マスコミへの就職やスポーツ記者への近道が知りたくて、この講義を受講する学生も多い。なので、先の不満や疑問が噴出してもおかしくない。ここで立ち止まって、スポーツ・ジャーナリズム、あるいは五輪ジャーナリズムについて確認したい。マスコミへの就職手段やスポーツ・ビジネスの同位体がスポーツ・ジャーナリズムなのだろうか、選手や試合を活写することが五輪ジャーナリズムなのだろうか。

問われているのはスポーツ・ジャーナリズムの実相。この用語を分解すると、スポーツがジャーナリズムを形容しているのが分かる。しかも、スポーツに五輪が含まれる。ゆえに、ジャーナリズムが主で、スポーツが従、そして従に五輪が内在する関係が浮かび上がる。これを置き去りにして、ただ監督の談話を取ったり、試合のスコアを付けたり、果ては選手の失敗を批判したりでは、スポーツや五輪のジャーナリズムは見えてこない。

都心の喧噪から隔離されたゴシック調の古い校舎にある階段教室で、かつて筆者は老師からジャーナリズムについて諭されたことがある。ジャーナリズムとはマス・メディアが時事的な事実や問題に関する報道・論評を伝達する活動の総称を指す。報道機能には真実性と客観性、また論評機能には批判性が伴っているため、ジャーナリズムは規範的概念としての性格が強い。しかも、不特定多数の大衆への一般的な情報伝達を意味するマス・コミュニケーションとジャーナリズムは等号で結ばれるときもあれば、不等号に拒まれて互いに相容れないときもある。

ジャーナリズムは社会に生起する時事問題を独立した立場から、市民的自由からの価値判断によって取捨選択して報道すること、そして批判的な問題意識からの論評を行うことを通じて、公権力の監視・警報装置としての機能することが、歴史的に市民社会から負託されてきた。その限りにおいてジャーナリズムには公共性がある（注1）。これに付随して、国内では裁判所や公共スタジアムでの記者席の設置という便宜供与、再販売価格維持制度や新聞の特殊指定など一定の社会的特権がジャーナリズムを実行するマス・メディアに認められてきた。

ジャーナリズム研究の大家の言葉だからだろうか。確かに、ジャーナリズムは本来、「社会の木鐸」「市民社会のウォッチドッグ」という民主主義と自由主義の擁護と発展のために欠かせない機能である。ただし、こう綴ると、ジャーナリズムがいかにも権威的かつ訓詁学的に思えてくる。筆者はもともとジャーナリズムとは別世界に身を置いていた。1996年アトランタ夏季五輪を機に、ジャーナリズムの世界に身を投じた。前職を離れる際、師匠の富田岩芳先生が一献傾けようと誘ってくれた。米国ジョージア州のアトランタ市内にあるホテルのバーの片隅だった。先生は着座するなり、「Noblesse Oblige、プリンシプルを忘れるな」と、はなむけの言葉とともに一本の万年筆を差し出した。そしてひとひらのメモを手渡してくれた。

「Independence, Critical, Integrity」

簡素かつ明瞭、孤高かつ剛柔な単語の啓示。いかにも元大日本帝国海軍の将校らしい身のこなしだった。取材対象への独立性、権力への批判的視座、そして市民社会への誠実性。筆者にとって、この端的な記者の心得がジャーナリズムのすべてである。

次にスポーツ・ジャーナリズムの対象となるスポーツについて見つめていきたい。国が定めたスポーツ基本法の冒頭には「スポーツは、世界共通の人類の文化である」と記されている。この前文によると、スポーツとは「心身の健全な発達、健康及び体力の保持増進、精神的な充足感の獲得、自律心その他の精神の涵養等のために個人又は集団で行われる運動競技その他の身体活動」と定義されている。また、スポーツを通じて幸福で豊かな生活を営むことは、全ての人々の権利であるとされ、「安全かつ公正な環境の下で日常的にスポーツに親しみ、スポーツを楽しみ、又はスポーツを支える活動に参画することのできる機会が確保されなければならない」と定められている（注2）。

スポーツ・ジャーナリズムは以上に記されたスポーツの理念の健全な維持発展に資するための営為といえよう。このためこの誇らしい文化を毀損するような勢力を監視し、警笛を鳴らすことがスポーツ・ジャーナリズムには求められる。先生からの教えを援用すれば、スポーツの普遍的な価値を歪めるような強権があるとすれば、それを独立した立場から批判的な視座で追及し、その実態を市民社会に誠実に伝えることがその使命となる。

ただし、前述のごとく、このジャーナリズムは新聞社やテレビ局などのマス・メディアによって営まれている場合が多い。この企業の究極的な目的は利潤の追求にある。ここで、マス・メディア内部で公共性と商業主義との相剋に発展することもしばしばである。その典型的な舞台となるのが同じく公共性と商業主義が背中合わせにある五輪である。実際にマス・メディアは批判的な視座から五輪の取材報道を行う一方、五輪を利用した収益事業も行う。

五輪ジャーナリズムの目的は大きく分けて二つある。一つは選手の華麗な身体表現を巧みに描写しつつ、喜怒哀楽溢れる選手や監督・コーチ、ファンの物語を綴って、五輪が紡ぎ出すスポーツの感動を広くあまねく読者に伝えることにある。これは市民社会の潤いや豊かさにつながる。打ち明ければ、ボキャブラリーと動体視力が貧相で、躍動する場面のモチーフが不得意な筆者には「スポーツの力」を鮮やかに表現できるだけの筆力は無い。

もう一つの目的が、五輪という世界共通の公共財の健全な維持発展の下支えをし、権力者や主催者による理不尽な介入を許さないように監視し、その暴走をいち早くキャッチして市民社会に警笛を鳴らすことである。ジャーナリズムの公共性とマス・メディアの商業主義という矛盾した関係は、自由主義社会のジャーナリズムの弱点の一つといえる。以下が２０１６年リオデジャネイロ五輪開催前に所属する米五輪専門メディアAround The Rings（ＡＴＲ）に筆者が執筆した記事の抜粋である。

「１９９６年のアトランタ五輪以来、取材を重ねてきた筆者にとって、『オリンピック』の表の顔は世界最高峰のアスリートが集う平和の祭典だ。これが錦の御旗となり『オリンピック』を批判しにくい雰囲気が醸成される。そこで、マスコミを含めた『オール・ジャパン体制』といった責任の所在が不透明な大政翼賛的なシステムが形作られる。この構図の中で、歯止めのかからない無駄な公共事業がまかり通る。取り込まれたマスコミが組織委を批判するのは難しいし、大会後に組織委はじき解散してしまうため、五輪にまつわるすべての問題がうやむやになっていく。その挙げ句、莫大な借金という五輪の『負のレガシー』がその国民に残されてしまう。」

実際に２０２０東京五輪パラリンピック競技大会（東京五輪）をめぐっては、招致段階でのＩＯＣ委員の買収疑惑、五輪スポンサー選定での贈収賄事件、そしてテスト大会での談合事件が起きてしまった。予言が的中したと言いたいのではない。過去の五輪大会でも招致から大会閉幕までの間、権力者への口利きや談合、贈収賄といった多くの不正・不法行為が発生してきた。先の記事は単に五輪にまつわる黒歴史からの類推に過ぎない。筆者を含めマスコミの権力監視が機能不全に陥っている証左でもある。

東京五輪ではマスコミの問題も現実になった。２０１６年８月、リオデジャネイロ市内で開かれた東京五輪の大会組織委員会（大会組織委）の記者会見でＡＴＲの橋本大周記者が森喜朗会長にこう問いただした。予算が膨張し大会準備が迷走する中、舛添要一都知事と遠藤利明五輪担当相がその旗振り役から外れた影響についての見解はと。すると森会長はその場で怒り顕わにしながら、「もういいね、だんだん愚問になっているから」と会見を打ち切った。

知らぬ間に国民負担を膨張させたその責任者を質す、しごく当然な問いかけだ。また、迷走混迷していたリオ五輪の現場だからこそ、この質問はリアリティを持っていた。ここで、残念な出来事が起きた。同席していた日本のマスコミ記者は口をつぐんだままであった。しかも会見後、大会組織委の広報担当が「(ATR記者に)最後当てなければよかった。当てるか迷ったんだが」と憤慨し、一緒にいた読売新聞社の記者が首肯していた。読売新聞社東京本社は大会組織委とスポンサー契約を結んでいた。しかもこの記者は大会組織委内部の「メディア委員会」委員でもあった。つまり、この記者は取材対象との間に経済的かつ政治的な利害関係が横たわっていたのである。権力と一体化したのであれば、もはや記者では無くこの場に居合わす資格も無い。市民社会から負託された重役を果たすのは不可能だからだ。

記者が「審議会」や「委員会」といった権力側の用意した蜜の味がする権威的な地位に無自覚にも取り込まれ、密室で結論ありきの無責任かつ無理筋な議論を繰り返し、いつの間にやら「ウォッチ・ドッグ」から、無節操な「権力の犬」に成り下がってしまうことが多々ある。権力はあからさまに弾圧しない。記者をうまい具合に取り込み、反旗を掲げるのをためらう心理状態に陥れ、知らず知らずのうちに口封じをする。これが常套手段である。

「ジャーナリズムとは報じられたくないことを報じることだ。それ以外のものは広報に過ぎない」。英国が生んだ反骨ジャーナリストとして誉れ高いジョージ・オーウェルはこう喝破した。この格言を通底にして、本著は松瀬氏と筆者がそれぞれ別個に五輪、とりわけ自国開催だった東京五輪について論じていきたい。前半はエッセーを含めた記事を中心に、後半は考察や論文を主に構成した。

小田光康

【注】

（1）内川芳美・新井直之編（1983）『日本のジャーナリズム』、有斐閣。

（2）文部科学省（2011）「スポーツ基本法（平成23年法律第78号）（条文）」。

東京五輪とジャーナリズム　目次

第2章　東京オリンピック・コラム選集／小田光康編……59

第3章　オリンピック考察選集／松瀬学編……109

第1章

東京五輪・パラリンピック・コラム選集／

松瀬学編

スポーツとオリンピックの在り方を考える「機」に

―東京オリンピック、1年延期

(2020年3月27日付)

スポーツのない風景はどこか寂しい。新型コロナウイルスの感染拡大でスポーツイベントがことごとく中止となり、2020年夏開催予定だった東京五輪・パラリンピックも1年延期となった。もちろん人の命や安全が一番ながら、ここはスポーツの価値や五輪・パラリンピックの在り方を考え直す機会でもある。

人生において、スポーツは生きるヨロコビとなりうる。スポーツを「する」ことだけでなく、「見る」こと、「支える」ことも、時には生活を豊かにしてくれる。そりゃ、スポーツ否定派もいようが、スポーツは元来、「遊び」と似たようなものなのだ。

自己目的的行動のスポーツの価値とはなんだろう。からだを動かすこと自体のオモシロさや楽しさ、爽快感、できなかったことができるようになるヨロコビ、目的達成の到達感、他者を凌駕する優越感、自己の可能性への挑戦といったものがある。さらには感激や興奮の提供によって、人々を活性化したり、チームワークを醸成して組織機能を向上させたりすることもある。

スポーツを見る者、支える者にしても、喜怒哀楽をおぼえ、満足感、失望感、ワクワク感を抱くこともある。時には、「ああ生きるっていいなあ」とひとりごちる時もあろう。

ただ、今回の新型コロナウイルスの感染拡大で考えるのは、スポーツは世の中が平穏でないと行えないということである。戦争やもめごと、自然災害、疫病などが起これば、人々がスポーツをたのしむ余裕などなくなるのだった。

今回の感染拡大で感じたのは、世界のつながりの密さである。活動自粛や制限のある中、家の近くをジョギングすれば、公園には親子でキャッチボールやサッカー、バスケットボール、ラグビーに興じる人々が増えていた。さらに事態が深刻になれば海外のように家の外にも出られなくなるかもしれないが…。今回、家族の大事さを改めて知った。

そういえば、2011年東日本大震災の時、被災地の岩手県釜石市で、地域のラグビークラブの釜石シーウェイブスの練習再開を後押ししたのは市民の方々だった。2016年熊本地震の直後、甚大な被害を受けた益城町の避難所を訪ねた時、体育館前の壊れたアスファルトで子どもたちが三角野球を楽しんでいた。

今回の自粛ムード、移動制限などは当然として、何かスポーツをする方法はないものか。家でひとりでもできる、ラジオ体操や体幹トレーニング、ボール遊びなどの動画配信サービスの活用もあり、かもしれない。

◆オリンピックは政治や経済に取り込まれ過ぎている

また、新型コロナウイルスの感染拡大を防ぐため、在宅勤務、在宅学習も広まっている。テレワークやインターネットを利用したリモートワーク、eラーニングなども増加するだろう。必要に迫られれば、人々の生活習慣が変わることになる。

スポーツイベントでいえば、オリンピック・パラリンピックは最大級である。改めてわかったことは、オリンピック・パラリンピックは政治や経済に取り込まれ過ぎているということだった。オリンピック反対派の人々の声にも耳を傾け、経費削減、コンパクト化を検討してもよかろう。延期に伴う費用負担の増大をいかに抑えるか、計画見直しの機会でもある。

東京五輪・パラリンピックのテーマのひとつは「復興五輪」だった。新型コロナウイルスの収束からアスリートの安全確保、大会オペレーション、会場、宿舎、マーケティング、チケットの問題など、課題は山積している。代表選手の権利と選考会の公正、公平さをどう担保するかも大事だろう。

大会としては、日本のおもてなしの質を高め、運営などの準備をするための時間が1年増えたととらえ、前向きにいくしかあるまい。五輪運動とは簡単に言えば、平和運動である。1年の延期が、日本の平和運動とその価値をさらにアップすることにつなげなければなるまい。

余談ながら、1964年東京パラリンピックの開会式の選手入場の際、陸上自衛隊のバンドが演奏した曲は、故・坂本九さんの『上を向いて歩こう』だった。

東京パラリンピック1年延期「試されている」――JPC河合純一委員長

(2020年4月3日付)

新型コロナウイルスの感染拡大で、東京五輪・パラリンピックの開催日が1年延期されたことを受け、日本パラリンピック委員会（JPC）の河合純一委員長は、「ベターを追求した中で導き出された答えだったんだと思います」と述べた。課題山積なれど、「僕らは、試されているんじゃないですか」と言葉に力をこめた。いつもポジティブ。

「だれに試されているかわからないけれど、（東京パラリンピックの）ゴールがあるわけですから、それに向けて常に準備していくしかないわけですよ。いま、それぞれが、できることをやる。ま、自分（の能力）以上のことはできませんから」

東京パラリンピックは当初、２０２０年の8月25日開幕の予定だった。が、２０２1年の8月24日の火曜日に開幕し、9月5日の日曜日に閉幕することとなった。最大の問題は新型コロナウイルスの感染が収束しているかどうか、だろう。また、パラリンピック選手への影響は、五輪選手より、大きいかもしれない。

東京パラリンピックの日本代表選手団団長を務める河合さんは説明する。

「選手はもちろん、若手もいれば、ベテランもいます。とくにパラは年齢の幅も大きいし、障がいの種類によっても違いがあると思います。障がいによっては、進行性の病気を持っている方もいるので、そういう選手の立場に立つと、コメントしにくいですが、難しいこともあると思います」

公平性を担保するため、パラリンピック選手は定期的に国際大会などで、競技ごとの障がいの程度に応じたクラス分けのチェックを受ける必要がある。障がいによっては、進行したり回復したりして、クラス分けが変わる可能性もあるそうだ。

◆1年延期で練習計画を見つめ直すことに

1年延期となったことで、代表内定選手の取り扱いや、代表選考会の日程変更が課題となっている。内定選手についてはほとんどの競技団体が「変更なし」の方針を打ち出している。当然、選手や指導者にとっては、強化計画の見直しが求められる。

いわゆる「リセット」か。ただ、いまは練習環境を確保するのも難儀だろう。もちろん、人の命が第一だ。

「一番は感染をひろげないこと」と前置きしながら、河合さんは「それぞれの状況によるので一概には言えませんが、リスクを最小化しながら、やることを粛々とやるしかありません。そこで、（選手は）自身で気づくと思います。いままで、あったこと、できていたことが当たり前ではなかったと」

選手や指導者は、パラリンピックまであと半年と思って頑張ってきたことを、あと1年半も続けないといけない。「（気持ちを）張り続けるのは無理でしょう」と漏らした。

「インターナショナルのスケジュールがまったく読めない中でどうやっていくんだとなった時、〝じゃ〟という切り替えは重要でしょう。（代表の）当落線上の選手には焦りがあると思いますけど、本当にやらないといけないことをもう一度、考えないといけない。計画を見つめ直す期間にもなるのでしょうか」

僕だったら、と河合さん。

「前例がないから比較のしようがないけれど、いったん、練習を休むと思います。家でできることにシフトするとか、ほかのことを考えるしかありません。もちろん、仕事とかいろんな状況があると思いますけど」

44歳の河合さんは、全盲のスイマーだった。頑張り屋だった。パラリンピックには1992年バルセロナ大会から2012年ロンドン大会まで6大会連続で競泳（視覚障害）に出場し、5つの金メダルを含む21個のメダルを獲得した。かつては練習用のプールを探すのもひと苦労、周りのサポートもほとんどなく、過酷な環境と闘ってきた。

練習場所がない、収入もおぼつかない。指導者もいない。10年、20年前まで、仕事で練習のための休みをとれない選手はゴマンといたのだった。

だが、いまや、障がい者スポーツのプレゼンスも上がってきた。うれしいことに、JPCのみならず、競技団体やアスリートにもスポンサーがつく時代となった。ただ、新型コロナウイルスによる経済悪化は、スポンサー企業にも影響を与えるだろう。２００８年のリーマン・ショックの際には、障がい者アスリートのスポンサーが相次いで離れた。

東京五輪・パラリンピックの協賛企業の動向もだが、そういった現場のスポンサーの動きも気になる。大会の1年延期に伴い、企業がすんなり契約を延長してくれるのかどうか。河合さんも心配する。

「オリパラのレベルもそうでしょうが、競技団体を支えている側、アスリートと契約しているところを含めて、問題が生じる可能性があるのかなって。こういう時って、一番弱いところから切られていきますよね。この先、どう動いていくのかが見えていません」

先日の東京五輪・パラリンピック組織委員会の理事会では、ＪＰＣへの支援強化を求める意見が出た。苦しい時期こそ、ＪＰＣの存在意義が問われることになる。

「強化というものは、やっぱり基盤があっての、上積みじゃないですか。事務局もそうです。〝ぶれない〟〝揺るがない〟、そういう体制があって、強化は進んでいくのです。（練習や試合が）できることが日常であって、それを当たり前と思っている選手たちがこういう緊急事態になった時、それすらも難しいと気づくのです」

だから、「僕らは試されているんだと思います」と河合さんは繰り返した。

「1年半後、あなたはあの時、〝何ができたの〟、〝何をやったの〟と問われるんじゃないんですか。その成果を含めて」

たしかに、世界の状況をみれば、もはやスポーツどころではないかもしれない。まずは人命、そして安全。でも、東京五輪・パラリンピックを目指すアスリートたちは、未曾有《みぞう》の困難に立ち向かっていくのである。

東京五輪・パラリンピックの暗雲払拭を──安倍首相辞任表明で考える

（2020年8月30日付）

驚いた。安倍晋三首相が突然、辞意を表明した。新型コロナウイルスの収束次第とはいえ、東京五輪・パラリンピックの招致や準備に重要な役割を果たしてきたリーダーの交代は、1年後の大会の開催をさらに厳しいものにすることになりそうだ。

2020年8月28日夕方。1時間余に及んだ首相辞任会見の最後の質問は、東京五輪に関するものだった。スポーツ紙の記者がこう聞いた。「首相辞任が東京五輪の開催に影響があると思いますか？　来年、東京五輪が開催された場合、首相として五輪を迎えることができないことへの率直な思いをお聞かせください」と。

安倍首相は疲れ切った表情ながら、力強い口調でこう答えた。

「世界のアスリートが万全のコンディションでプレーでき、観客にも安全で安心な大会をやっていきたいと思います。ＩＯＣ（国際オリンピック委員会）や大会組織委員会、東京都とも緊密に連携をしながら、しっかりと準備を進め、開催国としての責任を果たしていかなければいけません。次のリーダーも、その考え方をもとに（開催を）目指していくことになると思います」

首相は質問の後段部分の「率直な思い」には触れなかった。でも、これまでの行動を考えれば、心中は察して余りある。東京五輪開催を自身のレガシーと考えてもいただろうから、残念至極に決まっている。

東京五輪開催が決定した2013年9月7日のＩＯＣ総会。筆者もブエノスアイレスで取材した。安倍首相は招致プレゼンで福島第一原発の放射能漏れによる汚染水問題に触れ、「The situation is under control（状況はコントロールされている）」と言い切った。事実かどうかはともかく、あれでIOC委員の懸念を払しょくした。

また16年のリオデジャネイロ五輪では、安倍首相は閉会式に人気ゲームのキャラクター、「マリオ」に扮してサプライズ登場し、東京五輪をPRした。さらにまた、新型コロナの感染拡大がつづき、予定通りの五輪開催が危ぶまれていた2020年3月24日、IOCのバッハ会長と電話会談し、大会の1年程度の延期を提案した。どうしても自身の総裁任期中に東京五輪を実施したいとの強い思いが垣間見えた。

◆安倍首相辞任による東京オリンピックへの悪影響は

安倍首相が前面に出過ぎている感もあるが、兎にも角にも、大会準備の要所で先頭に立ってきた。ふだんは政治と距離を置くとしているIOCのバッハ会長は、こうした姿勢を歓迎してきた。バッハ会長は首相の辞意表明から数時間後、IOCのホームページに談話を発表した。

〈安倍首相の辞意を知って非常に悲しんでいる。首相は常に信頼できるストロング・パートナーだった〉

東京五輪・パラリンピック組織委員会の森喜朗会長もまた、「運命共同体」として、安倍首相に全幅の信頼を寄せてきた。安倍首相の辞意発表後、森会長はバッハ会長らと緊急電話会談を行い、引き続き連携して準備を進めることを確認した。

さて安倍首相の辞任が、東京五輪開催に悪影響を及ぼす理由は3つである。

1つ目は、この東京五輪・パラリンピックの準備を推進してきた国、大会組織委員会、IOC三者の信頼関係が揺らぎうることになるからだ。安倍首相と森会長、バッハ会長の信頼関係は強固だった。その軸の安倍首相が代わる。だれが次の首相になろうとも、相対的に信頼関係は弱まることになる。

2つ目は、これほど東京五輪・パラリンピック開催に執着してきた安倍首相が代わるということは、1年後の大会開催の先行き不透明感が増したことを意味する。もし自身の任期中の大会開催が確実であれば、持病の悪化とはいえ、もう少し、首相の座にこだわったのではないか。

3つ目が、今後の国や大会組織委員会、東京都とIOCとの交渉において、国の政治パワーは弱体化することになるだろう。今後の「かじ取り役」は誰になるのか。安倍首相の路線を踏襲することになろうが、安倍首相ほどの影響力を期待するには無理がある。

いずれにしろ、理由が体調悪化によるのであれば、このタイミングでの辞任は仕方なかろう。回復を祈るしかない。かたや、見方を変えれば、東京五輪・パラリンピックに関する国の政治パワーが落ちれば、相対的に東京都の関与が大きくなる。本来の五輪開催のあるべき姿に近づくのではないか。

1年延期に伴って、国と大会組織委員会、東京都はIOCと大会を簡素化することで合意している。2020年9月からは、新型コロナ対策と大会運営の見直しを議論していくことになっている。国としても、「安全・安心」を確保するため、コロナ対策の出入国管理や医療体制の確保などを議論していくことになろう。

新型コロナ禍もあろうが、五輪が政治や経済に取り込まれ過ぎているから、国民の反対機運が高まっているのではないかとみている。ならば安倍首相の辞任は五輪運動や五輪開催の意義を改めて考える好機である。

白血病でプールから離れていた競泳の池江璃花子選手はなぜ、実戦に復帰したのだろう。池江選手は国立競技場での五輪1年前イベントで確か、こう言った。「1年後のきょう、この場所で、希望の炎が輝いていてほしいと思います」と。

安倍首相が辞めようとも、東京五輪の価値や意義は変わらない。確かにコロナが収束し、世の中が平穏でなければ、五輪・パラリンピック開催は難しい。だが、困難を乗り越えて何とか東京大会を実施してほしいと願っているアスリートはたくさんいるだろう。

強力な推進役を欠いた今こそ、アスリートや日本オリンピック委員会などのスポーツ界、ＩＯＣ、大会組織委員会、東京都、そして新たなリーダーを擁する国が結束し、人々の開催への機運を高めていくしかあるまい。

（2021年2月12日付）

森会長辞任、その功罪とは

もはや「いつ」だけが問題だった。12日、東京五輪・パラリンピック組織委員会の森喜朗会長が「女性蔑視発言」の責任を取る形で辞任を表明することになった。是非はともあれ、こういう場合、森会長のスポーツ界における功罪を伝えるべきだと思う。

「女性がたくさん入っている理事会の会議は、時間がかかります」。オリンピック運動の先頭に立つ大会組織委員会の森会長の2月3日の問題発言は、男女格差の解消に向けて取り組んできた国際オリンピック委員会（ＩＯＣ）の努力も、男女平等を謳うオリンピック精神もないがしろにするものだった。時代錯誤ともとれる83歳の失言は言語道断である。一刻も早く、会長職を辞任すべきだと思っていた。東京五輪・パラリンピックのため、日本のスポーツ界のため、そして畏敬の念を抱く森会長ご本人のため、である。

でも、IOCのほか、大会組織委員会、政府などの周囲の対応は無責任なものだった。発言の翌日4日の無策の囲み会見は火に油をそそぐ結果となり、多くの人々の憤りを買った。東京五輪・パラリンピックを支える聖火ランナー、ボランティアの相次ぐ辞退を招き、世論の猛反発、辞任要求の署名運動、ついにはオリンピックの公式スポンサー、オリンピックの放送権を持つ米NBCテレビからの批判も受けた。

スポンサーの意向に敏感なIOCも手のひら返しで森会長たたきに回り、遅ればせながら、辞任に追い込まれることになった。結局、辞任のタイミングは遅きに失した感がつよい。森会長に決断を促せなかった周囲の体たらく、国際感覚の欠如、および危機意識の希薄さは致命的である。

でも、言いたい。日本スポーツ界において、森会長の功績はとてつもなく大きい。2019年のラグビーワールドカップ（W杯）日本大会、2020年東京五輪・パラリンピックの招致成功の一番の功労者は間違いなく、森会長である。両大会の招致活動を取材して、森会長の奮闘ぶりは筆舌に尽くし難いものがあった。

◆森会長のスポーツにかける思い

元ラガーマンの森会長は義理人情の人である。調整の人、気配りの人である。大学ラグビー部の後輩で、イラクで凶弾に倒れた外交官の奥克彦さん（2003年没、享年45）の夢や、日本ラグビー協会の元会長、町井徹郎さん（2004年没、享年69）の遺志を受け継ぎ、森会長はラグビーW杯日本大会招致委員会の会長に就いた。森会長は2007年ラグビーW杯フランス大会の際には深夜遅くまで酒を飲みながら、投票権を持つ国際ラグビーボード（現ワールドラグビー）の理事たちを説得したものだった。

日本での2019年ラグビーW杯開催が決まったのが、2009年の夏の夜だった。森会長はこう、漏らした。「おふたりの霊を何としても慰めたい。その一心で（招致活動を）やってきたのです」と。

東京五輪・オリンピック招致の時も同じようなもので、多忙な仕事の合間を縫っては世界各地を強行日程で飛び回り、IOC委員に対して東京をアピールした。元首相という政治パワーもあろうが、やはり大会招致にかける執念、熱量には凄まじいものがあった。東京五輪・パラリンピックも日本にきた。この時は2013年9月のブエノスアイレスのIOC総会だった。決定後、森さんは子どものように顔をくしゃくしゃにしていた。

政治家としてはともかく、日本ラグビー協会や日本スポーツ協会（前日本体育協会）の会長を歴任した森さんのスポーツにかける思いにウソはなかったと思う。森さんのお陰で、日本のスポーツ界のプレゼンスは上がった。2011年のスポーツ基本法の公布も、2015年のスポーツ庁の発足も森さんなしでは円滑には進まなかっただろう。

だが森さんももう高齢となった。がんの手術を経ながらも、日本のスポーツ界の発展のため、東京五輪・パラリンピックの準備のため、尽力してきた半生だった。ただ、誰であれ、長年トップの座に居続ければ、本人も周りも感覚が鈍る。五輪開幕まで5カ月余。こんな哀しい辞任劇とは、残念でならないのである。

緊急事態宣言は東京五輪と関係ある―開催可否の条件と説明を　（2021年4月23日付）

東京都に新型コロナ対応の緊急事態宣言が発出される見通しとなるなか、国際オリンピック委員会（IOC）のトーマス・バッハ会長の発言が波紋を広げている。「緊急事態宣言はオリンピック大会とは関係ない」。言葉の解釈の問題だろうが、東京五輪・パラリンピックと、ホスト国の人々の命と安全に関わる緊急事態宣言とが関係ないわけがなかろう。

4月21日のIOC理事会後のオンライン会見だった。バッハ会長は日本政府が東京都など4都府県で緊急事態宣言を出す方向で調整していることに触れ、英字新聞『ジャパンタイムズ』（電子版）によると、こう口にした。

「It is a preventative measure and for this limited time. This is absolutely in line with the overall policy of the government, but it is not related to the Olympic Games」〈それ（緊急事態宣言）は限定的な期間の予防措置だ。これは日本政府の全体的な政策と完全に一致しているが、オリンピック大会とは関係ない〉

前後の文脈をみれば、確かにバッハ会長の発言としては、緊急事態宣言は日本政府が政策にのっとってやっていることだから、東京五輪に直接的に影響を与えるものではないとの趣旨にもとれる。だが、問題はバッハ会長が開催可否の科学的な条件には触れず、「必ず開催する」と根拠なしの強気の発言に終始していることであろう。

ＩＯＣと大会組織委員会は、新型コロナ対策を施したうえ、許される環境の中で、東京五輪・パラリンピックを何とか開催しようとしている。だから、海外からの観客は受け入れないことを決めた。ＩＯＣ関係者によると、中止を含め、いくつかの具体的なプランを検討しているはずだ、という。当然だろう。

でも、バッハ会長も、大会組織委員会の橋本聖子会長も、無理を押してでも開催するの一辺倒である。どんな条件下でなら実施する、あるいは中止するとは決して言わない。もしも弱気な発言をすると、中止の責任を負わされることを恐れているからなのか。

◆開催するとしたら無観客の「バブル方式」での開催しかない

東京五輪・パラリンピックを目指している選手たちや大会組織委員会スタッフのふだんの頑張りを見ていると、どんな形でもいいから大会を開催してほしいとは思う。この状況で東京五輪を開催するとしたら、もう無観客で、選手や関係者の外部との接触を遮断する「バブル」方式での開催しかあるまい。

でも、ＩＯＣも大会組織委員会も科学的なデータを出して、具体的な選択肢を示してはくれない。だから、ホスト国の人々はＩＯＣなどへの不信感を募らせているのである。緊急事態宣言が出されようとしているのに、海外から1万数千人の競技者を日本に受け入れて、果たしてコロナ対策を徹底できるのか。開催すると新型コロナの変異株による世界再拡大が起こるのではないか、国内の医療体制が崩壊するのではないか、と。

ＩＯＣはおそらく、東京都民の大半が「開催すべきではない」と考えている世論調査の結果を気にしているることだろう。

何度も書いてきたけれど、オリンピック運動とはひと言でいえば、「世界平和の建設に寄与すること」である。オリンピックを開催するから平穏な社会が生まれるわけではない。紛争や疫病のパンデミック（世界的大流行）がない平穏な社会だからこそ、オリンピックを開くことができるのである。

ＩＯＣも大会組織委員会も、ホスト国の人々の疑問や不安に真摯に向き合うべきである。断じて、緊急事態宣言は東京五輪と関係ある。東京五輪の開催の可否と見通しを科学的なデータとともに条件付きで説明する必要がある。

矛盾、アンフェア、分断…。祝祭ムードなき、異例の東京五輪―首都圏無観客（2021年7月10日付）

さびしきオリンピックとなりそうだ。7月23日開幕の東京五輪の観客が、緊急事態宣言が出た東京都ほか首都圏3県の会場では無観客とすることになった。矛盾と混沌、分断…。開幕まで2週間というのに、五輪ならではの祝祭ムードはほとんど、ない。

8日の深夜零時のオンラインによる記者会見。無観客の感想を聞かれると、憔悴した東京五輪・パラリンピック組織委員会の橋本聖子会長は白マスク下の顔を少しゆがめた。

「東京大会の観戦を楽しみにしていたファンのみなさん、あるいはアスリートの家族のみなさん、チケットホルダーのみなさんには、その夢が実現できないことに大変心苦しく思っております」

1年前、安倍晋三前首相が大会延期を決める際に強調した「完全な形での開催」はどこへやら、「海外客断念」から「上限1万人」、「上限5千人」、そして、この日の政府の丸川珠代五輪相、東京都の小池百合子知事、大会組織委員会の橋本会長、国際オリンピック委員会（ＩＯＣ）のトーマス・バッハ会長、国際パラリンピック委員会（ＩＰＣ）のアンドリュー・パーソンズ会長による五者協議の結果、１都３県（神奈川、千葉、埼玉）のすべての会場の無観客が決まった。９日には、北海道も無観客となった。

プロ野球やＪリーグに対する政府の対処方針とは違うが、「安全・安心」を心配する国民の世論を考えると、仕方のない苦渋の決断だったのだろう。

問題は、この決断の遅さである。メガ・スポーツイベントのマネジメントの鉄則は、「準備は悲観的に、実施は楽観的に」だろう。つまり、最悪のケースを想定してことにあたるべきなのに、菅首相やバッハ会長らは楽観的に物事を進めてきた。

当初は４月下旬の予定だった観客の有無の判断がなぜもこう、遅れたのか。「開催ありき」で突き進み、専門家の提言を軽視してきたからだろう。医科学的な「安全・安心」の担保というより、利権や政治的な思惑でずるずると先延ばしされてきたように映る。

五輪の目的は「世界平和への貢献」「連帯」である。だが五輪の開催、中止をめぐっては国民の分断を生み、今回の観客の取り扱いでは開催自治体で異なることになった。国民の安全を最優先するのであれば、「全会場無観客」ではないだろうか。

個人的には、スポーツの持つ力を信じている。五輪の魅力もわかっている。だが、酒類提供停止下の東京都の飲食店やホテル業界の人たちが、心から東京五輪を楽しめるはずがない。アンフェアだ。「なぜオリンピックだけ」「オリンピックは、やるのに」との不公平感が消えないだろう。

東京の会場のチケットホルダーの落胆は想像するに余りある。開幕間近にホテルや飛行機をキャンセルすることになった人もいよう。観客ボランティアも仕事がなくなった。観客の応援がなくなることに、アスリートも失望を隠せない。

今回の決定で、大会組織委員会はチケット収入の約９００億円の多くを失うことになる。もちろん、支出も縮減されるだろうが、プラス・マイナスの赤字は避けられない。だが、ＩＯＣに入る予定の数千億円といわれる放送権料やスポンサー料は予定通りに入り、ＩＯＣ関係者は「特別枠」として五輪会場のＶＩＰ席に入ることになる。

結局、得をするのは、ほとんどＩＯＣだけで、開催国・日本の政府も東京都も大会組織委員会も莫大な損害を被ることとなった。東京五輪に参加するアスリートとてつらかろう、これほど歓迎ムードがなければ、いつも以上の力を発揮することは難しくなる。

ついでにいえば、こんな時になぜ、バッハ会長が広島を訪問するのだろう。平和をアピールしたいのは分かるが、県外移動自粛など、我慢を強いられている国民感情への配慮はないのか。やはり、「特別」なのだ。

いずれにしろ、不完全、かつ矛盾に満ちた東京五輪は、緊急事態宣言の下で強行開催される。国民のワクチン接種が進み、五輪の選手、関係者、そしてメディアの行動管理の徹底はできるのか。人出の増加は避けられまい。新型コロナの感染拡大を警戒しながら、組織委はどう、「安全・安心の五輪」を実現できるのか。

最悪のケースを考えれば、新型コロナの変異株「デルタ株」の感染拡大による五輪競技打ち切り、東京パラリンピックの中止の危険性もゼロではない。

時代の象徴、大坂なおみが聖火台に希望の炎を点火―東京五輪開会式（２０２１年７月24日付）

最後は時代の象徴、テニスの大坂なおみ選手だった。異例づくめの東京オリンピックが７月23日夜、史上初の無観客の開会式で静かに開幕した。間延びした演出と国際オリンピック委員会（ＩＯＣ）のトーマス・バッハ会長の大演説などが続いたが、国立競技場内での聖火リレーで大いに盛り上がった。

午後８時、待ちに待った開会式がスタート。場外の抗議デモのシュプレヒコールが国立競技場の記者席まで聞こえていた。「オリンピック、反対！」「オリンピック、中止！」。１９８８年のソウル五輪からすべての夏季五輪を現地取材してきた経験で、これほど祝祭感のない大会は初めてである。

新型コロナウイルス禍のため、１年延期となった東京五輪だった。ＩＯＣや政府の「開催ありき」で準備されてきた。緊急事態宣言下の東京での開催となった。ほとんど無観客となったが、１９６４年以来、57年ぶりの東京五輪である。

開会式では規模縮小の各国選手団の入場などにつづき、新型コロナ禍のため、公道中止がつづいてきた聖火リレーが、国立競技場に何とか到達した。場内の途中では、プロ野球のレジェンド、85歳の長嶋茂雄さんが、元メジャーリーガーの松井秀喜さんに支えられ、ソフトバンク球団会長の〝世界の王〟こと、王貞治さんとともに引き継いだ。

わが憧れの長嶋さんは２００４年、アテネ五輪直前に脳梗塞で倒れ、五輪での野球日本代表の指揮は断念せざるをえなかった。日本中のリハビリと闘う多くの人々を励まそうと、自身もリハビリと真摯に向き合ってきた。ゆっくり、ゆっくり、懸命に歩く白マスク姿の長嶋さんに、つい涙が出そうになった。

そういえば、長嶋さんも松井さんも王さんも国民栄誉賞を受賞している。聖火リレーを務めるには最適の人選だっただろう。

最後は予想通り、大坂選手だった。予想通りというのは、この日の昼間、スポーツ新聞のＷＥＢ記事で「最終点火者は大坂選手か」と報じられていたからだった。じつは同選手の試合日程が、24日から25日に急きょ変更になっていた。米ＡＰ通信でも、「五輪開会式に出演する予定があるため」と伝えていた。

開会式のメインステージは、「富士山」と「太陽」を表現したデザインだった。そして開会式のテーマが「United by Emotion」、〝心でつながる〟だった。

◆大坂なおみは多様性の象徴

聖火の最終ランナーの大役は、23歳、テニスの大坂選手が務めた。父はハイチ系アメリカ人、母が日本人。多様性の象徴といってもいい。男女平等を訴える意味で、女性ということもいい。大会組織委員会の橋本聖子会長の強い推しだとみられている。

優勝した２０２０年9月の全米オープンでは、人種差別に抗議する「ＢＬＭ（Black Lives Matter. 黒人の命は大切だ）」に同調し、マスクを通じてＢＬＭ運動を支援する意思表示をして、話題を集めた。

最近は全仏オープンの記者会見を拒否し、記者会見の在り方を世に問うた。「うつに苦しんでいた」ことも明かし、ウィンブルドン選手権は欠場していた。だが、夢舞台と口にしていた東京オリンピックは出場に踏み切った。

その大坂選手の強い意志と行動力が、新型コロナ禍に負けない、あるいは東日本大震災の苦難を乗り越えて前に進もう、というメッセージだったのではないだろうか。

大坂選手は聖火を片手に舞台にのぼり、階段をゆっくりと上がった。球体が花のように開く。そこに聖火をともした。２０２1年7月23日午後11時45分。おおきく燃え上がる聖火台の前に立つ大坂選手。その笑顔は太陽のようだった。

大坂選手はツイッターにこう、投稿した。

〈間違いなく、自分の人生の中で、アスリートとして、最高の栄誉だ〉

いろんな不祥事、トラブルが続いてきた東京五輪だが、これぞ、希望の炎である。さあ、前に進もう。

もっと競技や選手へのリスペクトを―東京五輪報道　（２０２1年8月2日付※）

もはやオリンピックとテレビは切っても切れない関係になっている。とくに東京オリンピックはほとんどが無観客とあって、よりテレビの存在価値は上がっているだろう。だから、テレビが何をどう伝えるか、その使命は重い。

8月1日のNHKの男子ゴルフ競技の中継でこんなことがあった。マスターズを優勝した松山英樹にどうしても注目が集まる。最終ラウンドを終え、松山ら7人が銅メダルをかけたプレーオフとなった。松山がパーパットを外し、銅メダル争いから脱落した直後、ゴルフのライブ中継は終わり、映像がスタジオに切り替わってしまった。

確かにライブ中継絡みの番組編成は難しい。競技時間が延びた時はどこまでやるか。他競技との兼ね合いもあろう。だが、ここで切り替えるとは。五輪放送の視聴者は、全部が全部、松山だけを見たいわけではなかろう。珍しい7人ものプレーオフである。ゴルフのだいご味を見たい、海外選手を見たい、そんな視聴者もいたはずだ。

加えて、中継が切り替わった直後、アナウンサーが、ローリー・マキロイ（アイルランド）がバーディーパットを沈めて銅メダルを決めたという誤情報を伝えてしまった。実際はパーパットでプレーオフ続行だった。まあ、これは仕方ない。誰にでも間違いはある。ただ、これが中継の続きを見たかった視聴者の怒りを大きくした。

案の定、ネット上では「最後まで放送して」「日本人選手だけを見たいわけではない」「切り替えのタイミングが悪すぎる」「なんで関係ない競技のコメンテーターのくだらないコメントが、今やっているプレーより優先されるのかはナゾでしかない」「誤報もダメ、放送ブチ切りもダメ」「ちゃんと公共放送してください」「受信料返せ」「競技に敬意を」

こういった場合、大事なのは、顧客の利益である。視聴者視線の判断だった。要は、放送のディレクターが視聴者のことを考えているかどうかだろう。はっきり言って、これは判断ミスだった。

ついでにいえば、2日朝のNHKの午前7時のニュース。前日の東京オリンピックの放送内容はすべて、日本人選手に関するものだった。個人的には、オリンピックの華、陸上男子100メートルの決勝の模様を見たかった。

◆テレビメディアの優遇ぶりに辟易

東京オリンピックの取材現場を回って感じるのは、テレビメディアの優遇ぶりである。競技直後のミックスゾーン（取材エリア）では、まずテレビ各局が個別にインタビューを実施する。柔道ではほとんどが表彰式を挟み、新聞、通信社、雑誌などのプリントメディアの取材となった。

表彰式があるので、両者のタイムラグは1時間ほどにもなる。しかも、テレビエリアは各局個別、プリントメディアはまとめて一度である。結果、テレビエリアでは選手は同じような質問に対し、何度も同じようなことを答えなければいけない。これは選手としてつらかろう。

選手のことを考えると、テレビエリアも一緒にやればいいのに、と考えるのだが。ミックスゾーンのあと、メダリストはさらに記者会見にも出席することになる。

もちろん、テレビメディア優遇には理由がある。莫大な放送権料を国際オリンピック委員会（ＩＯＣ）に払っているからだ。日本のテレビ局は、ＮＨＫと民放各局が共同取材組織『ジャパン・コンソーシアム』をつくり、オリンピックの放送権を獲得している。

２０１８年の平昌冬季オリンピックと、今回の東京オリンピックを合わせて、ジャパン・コンソーシアムの払った放送権料は、６６０億円と言われている。新聞、雑誌などのメディアはもちろん、取材権料など1円も払ってはいない。ただ、１９８８年ソウル五輪以降、すべての夏季オリンピックを現場取材してきたが、大会ごとにテレビとプリントメディアの扱いの格差は大きくなっているように感じるのだった。

何はともあれ、テレビメディアであろうが、プリントメディアであろうが、オリンピックを報道するという立場は同じである。大事なのはニュースの価値観と競技や選手へのリスペクト、インテグリティ（高潔性、誠実性）、批判的視座である。東京オリンピックはまた、メディアの在り方も問われている。

混迷の東京オリンピックの光と影とは。分断の閉会式で考える。（2021年8月9日付）

異例づくめの東京オリンピックが2021年8月8日夜、無観客の閉会式でしずかに閉幕した。何事にも光と影がある。「テレビショー」と化した式典に現場で目を凝らすと、新型コロナ禍ならではの『分断』『矛盾』『カナシミ』が見えてきた。

午後8時、式典が始まった。開会式の時に国立競技場の外から記者席に届いていた五輪の抗議デモのシュプレヒコールが聞こえてこなかった。なぜかといえば、この日は競技場周りの規制エリアが拡大されていたからだった。国立競技場周りの道路はブロックされていた。閉会式の始まる前、規制区域のフェンス際では、歩いている人が、警察に対し、「なぜ規制するのだ」との怒りをぶつけていた。

参加国の国旗が入ってきた後、午後8時20分、競い合った選手たちが、競技場の4カ所の角のゲートから続々と入場してくる。演者たちの通り道を確保するためか、コロナ感染予防として選手間の距離を保つためか、芝生のフィールドは3つのエリアにボランティア・スタッフの壁で分断され、ひとつに交わることはできなかった。1988年のソウル五輪からすべての夏季五輪を取材してきたけれど、閉会式での各国選手入り乱れての入場はひとつになるものと思っていた。

五輪運動とは、国際平和の建設に寄与することである。その象徴として、世界のトップ選手たちが五輪に集い、戦い、交流する。なのに、選手村でもコロナ感染対策として、選手同士の交流は避けられた。

午後8時40分、すべての参加選手が入場し終わった。でも他国の選手とひとつになって踊ることはできない。ほとんどの選手がマスクをしていたが、それを外している選手の姿も。

◆世界のテレビ視聴者のためのショー

日本選手団は赤いウエア。この日試合を終えたばかりの銀メダルの女子バスケットボールチーム（これは快挙！）は肩を組んで閉会式を楽しんでいるようだった。日本は史上最多の金メダル27個を獲得し、銀14個、銅17個を合わせた総メダル数58個も史上最多だった。1年延期の中、とくに「地の利」は大きかっただろう。例えば、金メダルを量産した柔道（9個）、レスリング（5個）の日本代表選手は選手村には入らず、五輪期間中も、施設の充実したナショナルトレーニングセンター（NTC）を拠点としていた。

取材した金メダルシーンでいえば、五輪至上主義とは無縁のスケートボードの若手選手たちの関係性や競技を楽しむ姿は新鮮だった。

さて閉会式の続きだ。時折、テレビ向けに中継されている映像が場内の2つの大型ビジョンに映る。国立競技場の屋根から大量の光の粒がフィールドに降り注ぎ、渦を巻きながら空中に浮かび上がると、五輪のマークに変わるという演出があった。これは中継映像用のCGで、現場にいると、何もわからない。

「光のショー」もしかり。競技場の選手たちのためではなく、世界のテレビ視聴者のためである。それでは、選手たちは退屈するに決まっている。式典が進むにつれ、帰る、帰る、選手が帰る。

演出のメッセージは正直なところ、よくわからなかった。コンセプトは『多様性』と『調和』か。和太鼓演奏やソロダンスなど、その世界の第一人者によるパフォーマンスがあった。大型ビジョンでは、全国各地の祭りが紹介されていく。

１９６４年東京パラリンピックの開会式の入場行進の曲だった故・坂本九さんが歌う名曲『上を向いて歩こう』も流れた。あぁノスタルジー。昼間にあったマラソンの表彰式も行われた。

次の２０２４年パリ五輪の紹介の演出は、ライブのパリの映像が流れた。エッフェル塔広場に大勢の人たちが集まり、柔道の国民的スター、テディ・リネールらメダリストが祝福を受けているシーンが映し出された。空軍のアクロバット隊が大空に「トリコロール（三色旗）」を描く。リオ五輪の閉会式での〝安倍マリオ〟と違い、経費は安価、効果は抜群である。うまいものだ。

午後10時、東京五輪・パラリンピック組織委員会の橋本聖子会長が「みなさんは困難を乗り越えた本物のオリンピアンです。どうかこの景色を忘れないでください」と呼びかけた。

◆バッハ会長「東京オリンピックは成功」は本当か？

国際オリンピック委員会（ＩＯＣ）のトーマス・バッハ会長のスピーチがつづく。よかった。バッハ会長の演説は開会式の半分の8分弱だった。開会式で連発した「ソリダリティ（Solidarity＝連帯）」という言葉は3度しか出てこなかった。

バッハ会長のスピーチが始まると、帰る、帰る、選手がどんどん帰る。もうフィールドに残っている選手は、開催国の日本選手など、入場した選手の4分の1程度か。おそらく、テレビの中継には選手不在のガラガラのフィールド、芝生に寝転んでいる選手の姿は映されていないだろうが。

そういえば、バッハ会長は記者会見では、「東京オリンピックは成功」と強調した。テレビの五輪視聴率の高さに触れ、「日本人は大会の開催を非常に受け入れている」とのたもうた。詭弁だろう。国民はスポーツに興味を持っているだけで、視聴者全員が東京オリンピックそのものを受け入れているわけではない。

午後10時15分。聖火の火が消えた。閉会式のメッセージは何だったのか。東日本大震災からの復興絡みの演出がもう少し、あってもよかった。あるいはもっとシンプルな式典をして、新たな時代の「コンパクト五輪」をアピールしてもよかった。

閉会式からの帰途、国立競技場の外の道路から、唐突に抗議デモのシュプレヒコールが聞こえてきた。規制が解除されたのか。「命を返せ～」。期間中、新型コロナの感染者数は増え続けた。感染対策をとりながらも、五輪関係者も連日、新型コロナに感染していた。

菅首相も、バッハ会長も、「東京オリンピックと感染拡大は無関係」と言い続けた。何の検証もせず、都合のいい解釈を押し通す。事実としても、心情としても、人流を促進させる東京オリンピックが感染拡大と無関係であるはずがなかろう。

国立競技場周りの規制エリアの外は大勢の人々でごった返していた。花火だけでなく、閉会式の様子を少しでもいいから垣間見たいのだろう。少しでも近づき、祭典の雰囲気を共有したいのだろう。

五輪期間中の競技場の周辺にも、カメラやスマホを持った人々の姿が多々、あった。わずかな規制フェンスの隙間から競技会場の内の様子を見ようとする。これって、本能か、好奇心か。新型コロナゆえの無観客は仕方ない判断だった。是非はともかく、無観客は、東京オリンピックの価値を半減させた。

政府と東京都は、この国家的プロジェクトのため、８年の歳月と３兆円といわれる巨費を投じてきた。費用対効果はどうだったのか。この五輪は日本に何をもたらしたのか。だれが得して、だれが損したのか。

◆五輪関係施設は「負のレガシー」に

どう転んでもＩＯＣはぼろ儲けの構図が出来上がっている。東京オリンピックが莫大な赤字を抱えることになれば、我々の税金も使われることになろう。1千数百億円をかけて造った国立競技場の年間維持費は約24億円と言われている。こういった五輪関係施設は「負のレガシー（遺産）」になるかもしれない。

この五輪は、準備段階でトラブルが続出した。今年に入っても、東京五輪・パラリンピック組織委員会の森喜朗会長ほか、開閉会式の演出担当者が不祥事で辞任した。1年半前、安倍晋三首相（当時）は「完全な形で開催する」と豪語して、東京オリンピックの1年延期をごり押しした。その結果、どうだったのか。いつも責任の所在があいまいなのだ。

この猛暑にあって、バッハ会長のいう「最適の時期」とはとても思えない。果たして「安全・安心」な大会だったのか。菅首相の言っていた、「コロナに打ち勝った証」って何なのだ。なぜ緊急事態宣言下の東京で開催したのか。矛盾では。どだい東京オリンピックの理念とビジョンは最後まで明確には提示されなかった。

8月24日には、東京パラリンピック大会が開幕する。この状況だと、またも無観客となるだろう。各会場が観客のいないカナシミにあふれることになる。

国民の東京オリンピック開催の賛否は分かれた。五輪運動が結果として、人々の分裂を生んでいる。確かにアスリートが全力で挑戦する姿は貴い。素晴らしかった。

◆平和と友好の理念の実現にどう貢献するのか

だが自分を棚に上げて言えば、マス・メディアは東京オリンピック開催となれば、批評精神はどこへやら、アスリート称賛を無邪気に報道し続けた。スポーツの持つ力を伝えようと、感動の涙、悔恨の涙をリポートした。ある種のジレンマを抱えながら。それが平和と友好という理念の実現にどう貢献するのかも伝えないといけない。

五輪会場をあちこち回ったけれど、運営のスタッフ、ボランティアの頑張りには頭が下がる思いだった。ありがとうございました。また全国各地から動員された地方の警察たち、ドクターや医療従事者の献身的な仕事ぶりにも敬意を表すべきである。

心配するのは、人々が五輪に冷ややかになることである。今回、ＩＯＣの商業体質やバッハ会長の厚顔さは知られることになった。政治、ビジネスに取り込まれ過ぎている五輪はもう、日本で開催する必要はない、との声が広がらないだろうか。

２０１９年のラグビーワールドカップ日本大会は本当に盛り上がり、はやくも再招致の話が出ている。では、オリンピックはどうか。この分だと、２０３０年冬季オリンピックの招致を目指している札幌市の活動にも悪影響を与えることになるかもしれない。

結局、この東京オリンピックは成功だったのか、失敗だったのか。何を持って成否を判断するのか。我々はまず、いろんな視座から、オリンピック準備の過程や結果をきちんと検証して記録する必要がある。とくにマス・メディアが、だ。

そして、10年後、20年後、あるいは30年後、国民によって、歴史のひとコマとして最終的に判断されることになる。

なぜIOCのバッハ会長は再来日するのか　（2021年8月21日付）

新型コロナウイルス禍が拡大する中、国際オリンピック委員会（IOC）のトーマス・バッハ会長が再来日し、8月24日の東京パラリンピックの開会式に出席することで調整中のようだ。入国後の隔離なしの特別扱い。何も無理する必要もなかろうに、なぜバッハ会長は非常事態宣言下の東京に再び来るのだろう。

ひと言でいえば、「慣例」ということになる。IOC会長として開会式に招待されたから来賓として出席する。もし、欠席すれば、東京パラリンピック開催の安全性を否定することにつながる。同時に東京オリンピック開催の正当性にも疑問を投げかけることになるだろう。

67歳のバッハ会長の行動は、「カネ」と「名誉」で読み解くと分かりやすい。IOCにとっての大きな収入源はテレビの放送権料とスポンサー料である。今回の五輪の強行開催でスポンサー離れが不安視される中、バッハ会長はパラリンピック開会式に出席して、オリンピック・パラリンピックの価値が安泰なことを示す必要がある。

そういえば、バッハ会長はIOC会長になった直後の2013年11月、来日し、日本の企業トップとの関係づくりに努めた。バッハ会長は、東京都の汐留・電通ホールで開かれた大レセプションに出席した。その時、筆者は取材したけれど、バッハ会長が約20分間もの間、立ち話しをした相手がトヨタ自動車の豊田章男社長だった。

ＩＯＣはその後、トヨタ自動車と２０１５年から24年までの10年間のオリンピックの最高位のグローバルスポンサー（ＴＯＰ＝The Olympic Partner）契約を結んだ。スポンサー料が破格の総額2千億円程度とか。バッハ会長が、東京オリンピック開催に執着したのも、数千億円といわれる放送権料の確保と無関係ではあるまい。ただ無観客でもかまわない。打撃を受けるのは、入場料収入が入る予定だった東京五輪・パラリンピック組織委員会である。ＩＯＣの収入に影響はない。

◆日本の人々をリスペクトしていますか？

東京オリンピックの開幕前、バッハ会長は「平和のために」と広島市を訪問した。約３８０万円といわれた警備費は同市と広島県が負担する羽目になった。都道府県間の移動が自粛されている中でなぜ、広島に行ったのか。ノーベル平和賞を狙っているとされるバッハ会長にとっては、これは実績となるからだろう。

また、週刊文春によると、バッハ会長は東京オリンピック期間中に、東京・京橋のアーティゾン美術館をお忍びで訪ねたそうだ。この美術館は旧ブリヂストン美術館。ブリヂストンは、ＩＯＣのグローバルスポンサーのひとつである。バッハ会長にとっては、スポンサーサービスのひとつだったのかもしれない。

さらにまたバッハ会長は東京オリンピック閉幕翌日に不要不急の「銀ブラ」を楽しみ、物議を醸した。これも、スポンサーに向け、東京の「安全・安心」をアピールするためだったのだろう。

おそらくバッハ会長にとって、日本滞在は快適だったに違いない。1泊２５０万円といわれる高級ホテルのスイートルームに泊まって、大会組織委員会スタッフや関係者から至れり尽くせりの「おもてなし」を受けたのだから。

話を戻して、東京パラリンピックの開会式に合わせた再来日のことだ。バッハ会長も日本の人々の批判を分かっているだろう。それでも、開会式に出席せざるをえない。そうしないと、2022年2月開幕の北京冬季五輪に不安を与えることにもなる。当然、中国のIOCのワールドワイドスポンサーへの配慮もあろう。

バッハ会長の行動を見て考えるのは、オリンピックの価値のひとつ、「リスペクト」である。バッハさんに伺いたい。いま、日本が新型コロナ禍でどういう状況にあるのか、ご存じですか。日本という国と人々をリスペクトしていますか、と。

東京パラリンピックのレガシーは　（2021年9月14日付※）

新型コロナ禍の中、強行開催された東京パラリンピックがこのほど、幕を閉じた。これから大会の検証に移る。メディアの報道で、パラリンピックがオリンピックと同等に扱われるようになったのは最大のレガシー（遺産）となるだろうが、障がい者スポーツの強化体制という点ではどうだろうか。

日本選手団は、金メダル13個など合計51個のメダルを獲得した。金メダルゼロ、合計24個のメダルだった2016年リオデジャネイロ大会を考えると、競技結果は「成功」と言っていい。新型コロナ禍による1年延期もあって、自国開催という「地の利」は大きかった。

日本選手団の河合純一団長もこう、大会を総括した。「有意義で大きな成果をあげられ、共生社会への一歩を踏み出せました」と。

確かに自国開催ということもあり、人々の関心は大きかった。激しくぶつかり合う車いすラグビーの迫力や、倒れても素早く起き上がる車いすバスケットボール選手の機敏さ、義足ジャンパーの躍動、からだ全体を上下に動かして泳ぐ両腕のない水泳選手の頑張り…。テレビを通し、障がい者スポーツの理解、共生への意識は深まったことだろう。

◆障がい者スポーツの競技環境は整備されているのか

ただ実態はどうだったのだろう。障がい者スポーツの競技環境は整備されているのか。東京パラリンピックのある水泳スタッフからこんな趣旨のメールをもらった。「モヤモヤ、こころの雨雲が晴れないままです」なぜかといえば、メダル獲得者が限られていたからだった。選手層の薄さゆえである。例えば、水泳競技を調べてみると、今大会では13個（金３、銀７、銅３）のメダルを獲得した。

でも、それは、14歳の山田美幸（９月15日で15歳）と20歳の山口尚秀のほかは、30歳代の鈴木孝幸、木村敬一、富田宇宙だった。水泳チーム27人中５人だけとなる。

「パラリンピックに参加する連盟からのスタッフのほとんどが未経験者でした」という指摘もあった。パラリンピック初出場の選手も多かったのだから、できればパラリンピック経験のあるコーチがいたほうがよかったとの意味だろう。また、コーチなどスタッフ陣にあっては、日々の事務作業に追われ、選手の心理面のサポートが疎かになってはいなかったか。

スタッフのほとんどは、学校の教員、障がい者施設の指導者、あるいは病院関係者である。加えて、コーチ、トレーナーなどを対象とした研修や講習会はほとんどなかった。オリンピックのごとく、パラリンピックの選手、スタッフが『戦う集団』としてひとつになっていたかどうかは疑問として残っている。

◆アスリート・ファーストって何なのだ

つまり、コーチやトレーナーなどのスタッフの育成・教育が課題とみる。よく耳にする『アスリート・ファースト』とは、練習環境の充実もある。だから、日本障がい者スポーツ協会や競技団体が経済的に自立し、スタッフのトレーニングを図ることも大事だろう。

これまでは、自国開催ということで、国からの障がい者スポーツ関連予算は拡大し、パラリンピック競技者がオリンピック選手と共同利用できる「第2ナショナルトレーニングセンター」が完成するなど施設も拡充されてきた。

だが、東京パラリンピックが終わったことで、国からの予算は減少傾向になるだろう。新型コロナ禍の長期化で協賛企業の撤退も相次ぐ恐れがある。結果、障がい者スポーツ選手、スタッフや大会、強化合宿の支援が縮小され、次世代を担う選手の発掘事業、スタッフの育成・教育事業もなおざりになるのではないか。

3年後のパリ大会に向け、まずは東京大会を総括しなければならない。パラリンピック競技の活動基盤は整備されたのか。あるいは国民のスポーツライフに何をもたらしたのか。

まさか〝負のレガシー〟として重い税金負担だけが残るのではないか。そうならないよう、我々は行政と障がい者スポーツの競技団体をウォッチし続けなければならない。

オリンピックの政治利用には「ノー」を！（2021年12月16日付※）

またもや政治のオリンピック利用である。米国や英国、カナダ、オーストラリアなどが、2022年2月の北京冬季五輪に関し、中国の人権問題を理由に政府当局者を送らない「外交的ボイコット」を相次いで表明した。日本政府も閣僚の派遣を見送る見通しで、岸田文雄首相は12月16日の参院予算委員会でこう、述べた。

「今のところ、私自身は参加することは予定していません」

もちろん、政治とスポーツが無関係とは考えていない。だが、政府が日本オリンピック委員会（JOC）の山下泰裕会長の派遣を検討している、との報道には少し、驚いた。

山下会長は国際オリンピック委員会（IOC）委員でもあるスポーツ人である。オリンピックを主催するのがIOCゆえ、JOCの山下会長は主催サイドとして北京オリンピックに参加するに決まっている。政府がIOC委員の派遣について言及するのは、お門違いだろう。

これが、参院議員で東京五輪・パラリンピック組織委員会の橋本聖子会長や、スポーツ庁の室伏広治長官の派遣の可否についての検討だったらまだ分かる。コロナ禍に翻弄された先の東京五輪・パラリンピックの1年延期開催の経緯でも分かる通り、昨今のスポーツは政治に取り込まれすぎているのではないか。

やはり、青臭い原則論かもしれないが、オリンピックの憲法といわれる五輪憲章にある通り、「オリンピック・ムーブメントにおけるスポーツ団体は、スポーツが社会の枠組みの中で営まれることを理解し、政治的に中立でなければならない」（オリンピズムの根本原則第5項）だろう。つまり、JOCは政治的な動きには一線を画すべきで、政府はこれを尊重すべきなのである。

スポーツと政治の関係で言えば、1980年モスクワ五輪のボイコット事件だろう。米国が、ソ連（現ロシア）のアフガニスタン侵攻に抗議して大会のボイコットを決定し、60カ国を超える国々が追随、参加は80カ国余にとどまった。当時、日本体協の傘下団体だったJOCも政府の圧力に屈し、日本選手団をモスクワ五輪に派遣しなかった。

◆大西鐵之祐先生「自由と民主主義、オリンピック運動を失ってはいけない」

時代も状況も今とはまったく違うとはいえ、JOCは自律していなかったのである。筆者はその時のことを取材し、一冊の本にまとめた。ボイコットを決める過程で、早大ラグビー部時代、監督をしていただいた故・大西鐵之祐先生（1995年没・享年79）はJOC臨時総会でこう、毅然と正論を吐かれた。

「スポーツの根本原則に政府が干渉してきた。自由と民主主義、オリンピック運動を失ってはいけない」

その後、JOCは体協から独立し、自律を目指してきた。政府も露骨にJOCに干渉することはなくなった。ただ、最近のスポーツ界のあり様を目の当たりにするにあたって、JOCは本当に政府から自律していますか、と関係者に問いかけたくなる。

IOCとて、「五輪とスポーツの政治化には断固、反対する」という共同宣言を発表しながらも、ロイター通信によると、バッハ会長はこう述べている。「北京大会に参加する90の各国オリンピック委員会（NOC）のうち、70～80はそのような（外交的ボイコット）発表をしていない。近年の政治的な出来事には、我々の影響力が及ばない。五輪に参加する国や地域には、自国の選手団をサポートするという共通点がある。だから、アスリートたちはオリンピックの夢を抱くことができる」

いわば選手が五輪に参加するのだから問題はないというスタンスである。でも、外交的ボイコットでオリンピックの価値が損なわれている。ＩＯＣは外交的ボイコットを実施する国々に対し、あるいは中国に対し、『平和の祭典』をリスペクトしてくれと言うべきではないのか。オリンピックの意義を強調し、スポーツに政治を持ち込まないでくれ、とも。

オリンピックを愛した情熱の人、石原慎太郎さん逝く（２０２２年２月３日付）

情熱の人だった。信念の人、正直な人だった。89歳で亡くなった元東京都知事の石原慎太郎さんは、スポーツの持つ力を信じ、オリンピックを愛していた。東京五輪・パラリンピック組織委員会の橋本聖子会長ほか、スポーツ界の人々はみな、口をそろえる。

「石原さんがいなければ、東京オリンピックはなかっただろう」

東京五輪・パラリンピック招致の旗振り役となった石原さんを何度も取材させてもらった。選挙のプロである石原さんは２０１６年大会招致を「どぶ板選挙」と形容していた。２００９年10月、デンマークの首都コペンハーゲンで開かれた国際オリンピック委員会（ＩＯＣ）総会における投票で、東京はリオデジャネイロに敗れた。

その時の石原さんの落胆ぶりといったらなかった。憔悴しきった顔で、たしかこう、声を絞り出した。「こういう形で終わったのは無念です。残念です」と。

正直なのだ。その後、「目に見えない政治的な動きがあった」といった歯に衣着せぬ発言で物議を醸した。石原さんが招致委会長をしていた時、事務総長としてサポートしていたのが河野一郎さん（現・日本スポーツフェアネス推進機構代表理事）だった。石原さんを追悼し、「とても魅力的な人でした」と懐かしんだ。

「スポーツについて、いやオリンピックについて、極めて情熱があったたし、純粋であったんです」

こんなエピソードを教えてくれた。コペンハーゲンからの帰りのチャーター便でのことだ。機中には、招致活動の応援団として都職員やスポーツ関係者ら200人ほどが乗っていた。石原さんは涙を目にためながら、機内をひとりで歩いて回ったそうだ。

河野さんの述懐。

「石原さんは一番前の方に座っていらっしゃったんだけど、立ち上がって、ずっとうしろの方まで回っていって、〝ありがとう〟〝申し訳ない〟と言いながら、ひとりひとりに頭を下げられていた。やっぱり、ほんとうにピュアな気持ちで取り組んでくれていたんだろうね」

◆たいまつの火は消すまい

東京はその後、2020年大会に再挑戦することになった。2011年東日本大震災にも、石原都知事が再度の大会立候補を決断してくれたからだった。その際、石原さんの何度か口にした「たいまつの火を消さない」との信念は語り草となった。

とくに2011年6月23日、日本オリンピック委員会（JOC）の竹田恆和会長（当時）とアスリートたちが東京都庁を訪れ、石原都知事に２０２０年大会立候補を要請した時だ。

要望書を受け取った石原さんは、「私は心中、たいまつの火は消すまいと決めています」と言った。胸を揺さぶられたのは、この後のアスリートたちに向けた言葉だった。

「目標を持ってみんなで肩を組んでやらなければいけない。国難に近い災害に見舞われて、このあたりで日本人が精神的にも立ち上がらなければいけないと私は念じています。スポーツは人生の大きな支えになる。スポーツで鍛えて培った健全な精神が、衰えてくる肉体を支えてくれます。それを、身をもって証明するのが、選手諸君の責任であり、仕事だと思います」

河野さんもまた、電話口でこのフレーズをそらんじた。「これが石原さんの本音だったと思う」としみじみ漏らした。

おそらく石原さんはサッカーやヨットなどのスポーツと関わり、肉体と精神のバランスの大事さを知った。１９６４年東京五輪・パラリンピックに接し、五輪の価値を確認した。そして、『太陽の季節』のごとき、奔放、かつ鉄火の人生をまっすぐに生きたのだろう。

ロシアはオリンピックの理念を冒涜している

（2022年3月3日付#）

「オリンピックは平和の祭典」は幻想か。国際オリンピック委員会（ＩＯＣ）はこのほど、ウクライナへの軍事侵攻が、国連の五輪休戦決議に違反したとしてロシア政府を非難し、すべての競技の国際大会において、ロシア、ベラルーシの選手、関係者の除外を求めることを発表した。

その実効性はどうなのだろう。もはやオリンピック大会は政治の具と化している。商業主義の権化、ＩＯＣのトーマス・バッハ会長は事あるごとにロシアや中国にすり寄ってきた。確かに商業主義自体は悪ではない。だが、同じく、オリンピックの理念も大事にしなければならない。

その理念とは、近代オリンピックの父と呼ばれるピエール・ド・クーベルタン男爵が提唱した、「文化・国籍など様々な差異を超え、友情、連帯感、フェアプレーの精神をもって理解しあうことで、平和でよりよい世界の実現に貢献する」ことである。また、オリンピック憲章の根本原則にはこう、謳われている。〈オリンピズムの目的は、人間の尊厳の保持に重きを置く平和な社会の推進を目指すために、人類の調和のとれた発展にスポーツを役立てることである〉と。

だが、現実はどうかと言えば、中国は新疆ウイグル自治区の人権問題を抱え、ロシアは軍事侵攻という暴挙に打って出た。ロシアの五輪休戦違反は、２００８年の北京五輪の際のグルジア（ジョージア）侵攻、２０１４年のソチ冬季五輪の際のクリミア半島への軍事介入に次ぎ、これで3度目となる。

もはやＩＯＣは即刻、ロシア・オリンピック委員会の無期限の資格停止処分に踏み切るべきではないか。このままでは２０２４年パリ五輪には参加できないよ、と。選手には気の毒だが、組織的ドーピング認定による、北京冬季五輪のような個人資格による参加も認めるべきではない。抑止効果のない中途半端な形ではなく、バッハ会長よ、たまには毅然とした態度をとってみたらどうだ。

もちろん、オリンピック大会そのものに平和な社会をつくる力などなかろう。逆で、社会が平和、平穏だからこそ、大会が開催できるし、参加できるのである。だから、ロシアはオリンピックに参加する資格はないのではないか。国家も選手も。

ついでにいえば、２０３０年冬季五輪の招致を目指す札幌市は、開催意義において「国際平和構築」を強調してはどうだろう。招致ありき、「参考」扱いという調査目的が不明の２０２２年3月予定の住民の意向調査（アンケート）では、平和建設に札幌冬季オリンピック招致がどう寄与できるかを住民に聞いてみればいい。少しは調査する意味が生まれるのではないか。

組織委元理事の汚職事件で、東京五輪・パラリンピックのレガシーを考える（2022年8月21日付）

いったい、将来、東京五輪・パラリンピックのレガシーとはどう記憶されることになるのだろう。正のレガシーとしては、新型コロナウイルスのパンデミック（世界的な大流行）の中でも開催したという日本の運営力、選手の奮闘か。それとも、負のレガシーとして、オリンピックビジネスのゆがんだ構図、スポーツ界の癒着構造が明らかになったことか。

東京五輪・パラリンピック組織委員会元理事の高橋治之容疑者が、東京オリンピックをめぐる汚職事件で逮捕された。日本のスポーツビジネス界を牛耳る大手広告代理店、電通の元専務の78歳。日本オリンピック委員会（ＪＯＣ）などのスポーツ関係者は「事実としたら残念」といったコメントを口にしているが、その危ない手法は薄々承知していたことだろう。

マスコミも、いつものごとく、どこかが報道すれば、手の平返しで、高橋氏を〝これでもか〟とたたき始めた。新たな情報が連日、明らかになる。ただ悪事が明らかになってからではなく、その前に五輪マネーの闇に光を当てるのがジャーナリストの使命である。でも、それはなかなかできなかった。

そういえば、朝日新聞社にしろ、読売新聞社、毎日新聞社、日本経済新聞社にしろ、東京五輪・パラリンピック組織委員会のスポンサーのひとつ、「オフィシャルパートナー」だった。オリンピック史において、取材対象との利害関係を極力避ける新聞社がそろって大会スポンサーになったのは異例のことだった。

また日本のスポーツビジネスはもはや、電通抜きでは語れない。イベントのライセンス許諾の権限を持つ人の周りには政治、企業関係者が群がる。今回の紳士服大手AOKIホールディングスもそのひとつだった。

電通が国内のスポーツビジネス界を押さえたのは、「商業五輪」と形容される1984年ロサンゼルス五輪の前から、企業努力を続けてきたからだろう。是非はともかく、JOCや競技団体も電通のマンパワーと人脈、ノウハウを頼りにしてきた。もっとも、今回の事件で、電通社内のスポーツビジネス部門には逆風が吹くことになるだろうが。

かつて電通パワーを垣間見た記憶がある。東京オリパラ開催が決定した直後の2013年11月のことである。国際オリンピック委員会（IOC）の新会長になったトーマス・バッハ会長が来日した際、東京・汐留の電通ホールで大レセプションパーティーが開かれた。

会場には、国内のトップ企業の社長が勢ぞろいしていた。バッハ会長との名刺交換が延々つづく。そばには決まって、企業の電通担当者がぴたりと付いていた。電通報（電子版）によると、「レセプションには約240人の関係者が参集」と記されている。

五輪を取り巻く巨大マネーの中心は、スポンサーマネー、および放送権料である。ともに、仲介をする広告代理店が力を持たないわけがない。国際スポーツビジネス界において、「人脈」は不可欠と言っていい。無論、人脈自体は悪くはない。互いの長期にわたる信頼関係に基づいていれば。でも、時々、賄賂で人脈をつくろうとする輩がいる。

◆インテグリティ、コンプライアンスは何処

そこには、スポーツが尊ぶインテグリティ、コンプライアンスは見えない。スポーツでいえば、反則なのだ。でも、「赤信号、みんなで渡れば怖くない」といった状況になってはいまいか。

東京五輪・パラリンピックの招致段階から、汚職、談合に関わる話は出ていた。裏で巨額のカネが動いていた、と。ずっと東京五輪・パラリンピックを取材してきて思うのは、相対的なＪＯＣの非力さである。ＪＯＣに国際人脈を持つ人が少ないから、結果的に高橋容疑者といった人物に頼らざるをえなくなったのではないか。

話をレガシーに戻せば、東京五輪・パラリンピック組織委員会は２０１６年、立派な「レガシープラン」をつくり、発表した。５つの柱として、「経済・テクノロジー」「スポーツ・健康」「街づくり・持続可能性」「文化・教育」「復興・オールジャパン・世界への発信」が挙げられている。

どれも、未達成に終わった。組織委は新型コロナ禍、無観客を言い訳にするかもしれない。だが、そもそも、レガシープランにおける「正のレガシー」を創り上げるつもりはあったのか。東京都庁に「東京五輪・パラリンピック・レガシー担当」でも設けて、５年後、10年後、もう一度、検証してみてはどうだ。

願わくは、いびつなオリンピックビジネスの実態を知り、怒り、健全なスポーツビジネスを志す若者が出てはこないだろうか。そうなれば、「人」が東京五輪・パラリンピックのポジティブなレガシーのひとつとなる。

市民の分断を招く札幌五輪招致

(2022年10月2日付#)

世論の賛否が割れる中、安倍晋三元首相の国葬が執り行われた。元首相と新型コロナウイルスによる東京五輪・パラリンピック開催の1年延期の交渉にあたった国際オリンピック委員会(IOC)のトーマス・バッハ会長も参列したが、重大化する東京オリンピックをめぐるスポンサー汚職事件についての言及は、とくになかった。

バッハ会長は薄々、東京五輪・パラリンピック組織委員会の高橋治之・元理事の悪事には気が付いていただろう。巨額のカネが動く五輪ビジネス。広告代理店大手の電通の元専務は「スポーツビジネスの顔」として影響力を強め、東京オリンピックの利権ビジネスにおいては絶大なる権力を振るってきた。度が過ぎたのだろう、高橋元理事は2022年9月27日、受託収賄容疑で3回目の逮捕となった。

高橋元理事の存在は、実は東京五輪・パラリンピック招致の際のIOC委員の買収をめぐる「五輪買収疑惑」でも取り沙汰されていた。2019年、フランス検察当局から同疑惑への捜索を受け、竹田恆和・前日本オリンピック委員会(JOC)会長がIOC委員を辞任したが、招致活動の〝別働部隊〟の一人として暗躍した高橋元理事はフランス検察から逮捕されるまでには至っていなかった。

筆者は30年以上、五輪を取材してきた。五輪スポンサーにしろ、五輪招致活動にしろ、いつもカネの流れは不透明である。東京五輪・パラリンピックに関しては、紙面で「透明性」を主張する朝日新聞社、読売新聞社など大手新聞社が大会組織委員会と異例のスポンサー契約を結んでいたのだから、まず新聞社自らが契約内容を明らかにしたらいいと思うのだが。

加えて、今回の汚職事件は高橋元理事だけでなく、それを許した大会組織委員会、出身母体の電通、関係スポンサーにも責任がある。

ここで素朴な疑問。なぜ、札幌冬季五輪の招致見直しの動きが出てこないのだろう。東京五輪・パラリンピックをめぐる五輪スポンサー汚職事件、招致段階の買収疑惑がこれだけ噴出しているのに、札幌市もＩＯＣもＪＯＣもダンマリを決め込んでいる。

元ＩＯＣ副会長の猪谷千春ＩＯＣ名誉委員はかつて、招致レースにおいては、「開催都市の支持率が一番大事」と話していた。なぜかといえば、ＩＯＣとしては、地元の人々に歓迎されないところに選手を集めたくないからだった。

札幌市が２０２２年3月に実施した意向調査では、市民への郵送調査で賛成派が約52％、反対派が約38％だった。今回の五輪スポンサー汚職事件を受け、市民の意向がどう変わっているのか。ここで住民投票を是非、実施してほしい。

開催意義も財政計画もあいまい。それでも、五輪招致にまい進する理由は何なのだろう。誰かが得をするのではないか、と勘繰りたくなる。安倍元総理の国葬同様、開催が決まった後、札幌市が「丁寧に説明する」では遅すぎるのだ。市民の分断を招いてはならない。

【以上、Ｙａｈｏｏ！の配信記事を加筆修正しました。ただし、※付は時事通信「スポーツサロン」、＃付は時事通信「コメントライナー」の配信です。文中の肩書・役職・年齢は配信時点です。】

第2章

東京オリンピック・コラム選集／小田光康編

一　開会式に映し出された東京夏季五輪の悲壮

2021年7月23日午後7時。新型コロナ禍と東京夏季五輪大会が無ければ、蒸し暑い日本の夏のありふれた夕暮れ時だったろう。気象庁の統計によると、開会式当日の東京の天気は晴れのち曇り、最高気温は34・0度、平均湿度は71％だった。この日、一年延期された東京五輪がようやくやってきた。その開会式が開かれる新国立競技場の記者席に、五輪特有の通過儀礼を経て筆者はたどり着いた。東京五輪のメイン会場であるこの競技場は、国内各地から集められた木材を活かした「杜のスタジアム」をコンセプトにした。著名な建築家の隈研吾氏が設計して、2019年11月に竣工した。三層に分かれた観客席は計6万7750席ある。建設費は約1570億円で、年間の維持費は20億円以上にも達する。この競技場建設をめぐっても、ひと悶着あった。当初のザハ・ハディド氏案では予算を大幅に超過する約3000億円を見込んだ。もめにもめた挙げ句、当時の安倍晋三首相が決断してこのスタジアムに落ち着いたのである。五輪関係者用の入場ゲートは東京都新宿区の霞ヶ丘にある日本オリンピックミュージアム前にあった。この建物には日本オリンピック委員会（JOC）の本部も置かれている。この真新しいビルの前には青・黄・黒・緑・赤の5つの輪をかたどった五輪マークのモニュメントがあり、まさにここは日本国内の五輪の聖地である。その象徴を取り囲むようにして競技場に入れない五輪ファンが溢れかえり、その真横では五輪開催反対のデモが繰り広げられていた。これらの警備を担う多くの警察官が配置され、あたりは騒然としていた。

筆者はその人混みをかき分けるようにして入場ゲートにたどり着いた。これから世界平和を祈願する祝典が始まろうとしている。ただ、五輪スタジアムは、いつになく厳重な検査体制が敷かれていた。体温測定とアルコール消毒の後に、五輪記者のＩＤカードと本人の照合。その先で、迷彩服を着た屈強そうな自衛官が一列に並んでいた。手荷物を自衛官に渡すと、Ｘ線検査をしたのち中を開いて念入りにチェックしていた。世界中が注目するため五輪はテロの標的になりやすい。東京五輪ではテロ対策に感染症対策が加わった。

手荷物に問題が無いのを確認した自衛官は「ご協力、ありがとうございました」と、歯切れの良い一言と共に敬礼を添えてくれた。これから東京五輪開会式の取材の始まりだ。入場ゲートをくぐり抜けると、競技場外の喧噪は無くなり、静かな空間が拡がっていた。ただ、新国立競技場にほど近い神宮の森のしっとりとした静謐さとは趣を異にする。開会式の準備でせわしない人々の往来はあった。開会式は五輪のもっとも華やかなイベントである。選手や観客はもちろんのこと、記者も期待感や緊張感、そして高揚感を抱く。だが、いつもとは異なる風情だった。乾いていて無機質な雰囲気に包まれていたのである。

記者席はメインスタンドの下層階から貴賓室がある中層階まで配置されていた。筆者が到着した時間には、パソコンを置けるテーブル席はすでに埋まっていた。この一大イベントを取材しようと世界各国から集まった記者やカメラマンが取材準備にせわしなかった。ただ、いつもの明るく賑やかな開会式の記者席とも違った。淡々とキーボードを打つ記者、黙々と三脚や配線をセットアップするカメラマン。事前の世論調査では、五輪の開催延期や中止を求める声が八割にも上った。新型コロナ禍は猛威を振るい、記者席の誰もが行き場の無い不安や焦燥感に駆られているかのようだった。

記者席はあからさまな「階級」で区分されている。記者席やカメラに貼られたシールでそれが一目で判る。「ＯＢＳ」が最優先、次に「権利所有者」、そして一般の記者となる。ＯＢＳは国際オリンピック委員会（Ｉ

OC）の映像部門である五輪放送機構、権利所有者はIOCに放送権料を支払ったテレビ局をそれぞれ指す。この階級によって記者席やカメラの位置、選手取材の優先順位が決まる。IOCはこれを取材現場での混乱を避けるためと説明する。ただ、ここには不公平感が漂う。この取材記者間の分断を生み出す原因が「放送権料」というIOCへの上納金であるためだ。

筆者はこの祝典を最接近して観察しようと、フィールド最前列に陣取った。日は落ちかけていたが無風状態で息苦しい。感染対策でマスクを着用していたためだ。「五輪が開催される東京の夏は温暖で、アスリートが最高の状態でパフォーマンスを発揮できる理想的な気候です」。東京五輪招致委員会が2013年、IOCに提出した立候補ファイルにはこう記されていた。もちろん、招致委もIOCも、そしてこれらを取材する記者も、このうそ偽りは承知のうえだ。

南海上にあった太平洋高気圧が張り出して、日本列島を東西に横たわった梅雨前線をシベリア方面に押し上げると梅雨明けだ。梅雨の終わりを告げる大雨が上がると、この高気圧が吹き出す湿った熱風が首都東京を包み込む。2021年の関東甲信地方の梅雨明けは7月16日頃だった。7月23日午後8時ちょうど、筆者の眼前には東京五輪の開幕を待ちわびる競技フィールドが広がっていた。「より速く、より高く、より強く」。この五輪のモットーを胸にこれから約二週間、ここで世界最高レベルの選手らが、史上最高の記録を目指して熱戦を繰り広げる。

◆アトランタ五輪と五輪ジャーナリズム

2021年夏、東京がいよいよ五輪を迎える時が来た。

開会式が始まる13時間前の午前６時、東京ビッグサイト（東京・江東区）にあるメイン・プレスセンターのＩＯＣのチケット・オフィスの列に筆者と明治大学の筆者のゼミナールの卒業生でもある橋本大周記者と並んでいた。再配分される先着順の五輪開会式のチケットを手に入れるためだ。橋本氏と筆者は米国ＡＴＲの記者として、米国オリンピック委員会（ＵＳＯＣ）から東京五輪の記者証を得ていた。五輪の将来を占う開会式はどうしても取材したかった。列に並びながら、筆者は米国ジョージア州で開かれた１９９６年アトランタ夏季五輪の開会式を思い出していた。運良く聖火台の真横の席を確保できた筆者は聖火リレー最終ランナーの登場を心待ちにしていた。当時、異業種から転職した筆者は共同通信アトランタ支局の駆け出しの支局員として、五輪関連の取材をしていた。ここで五輪ジャーナリズムに触れることになったのである。五輪開幕直前に上司から与えられた筆者の任務は三つあった。聖火台試験点灯の写真取材、開会式リハーサルの内偵取材、そして聖火最終ランナーの同定取材。

聖火台の袂に約一ヶ月間、寝袋を持って座り込み、試験点灯という「決定的な瞬間」を押さえることができた。工事作業員になりすまして五輪スタジアムに忍び込み、開会式リハーサルの様子をカメラに収めた。ただ、最終ランナーだけは探し当てられなかった。筆者にとって開会式はその答え合わせだった。共同通信運動部ではこれらが「特ダネ」だと教えられた。人々が楽しみにする五輪開会式の内容を事前に暴露することに幾ばくかの正義があるのだろうか。筆者はこれがきっかけとなり五輪ジャーナリズムについて考えることになった。

東京ビッグサイトの端方で気をもみながら待ちわびていると、見覚えのある姿が近づいてきた。真っ黒に日焼けした大きな躯体に、ラガーマンならではのギョウザ耳。笑顔で開口一番、「朝っぱらからこんなところで小田さん、なにしてんの？」と。やはり、この漢は現れた。共著者、松瀬学氏だった。松瀬さんと筆者の付き合いは長い。１９９６年４月に米国ジョージア州オーガスタで開かれたゴルフのマスターズ・トーナメント取材、そして直後の１９９６年７月に開催されたアトランタ五輪夏季取材に始まる。

松瀬さんは当時、共同通信ニューヨーク総局の特派員。押しも押されもせぬエリート五輪記者だった。駆け出しの筆者を温かく見守りながら、徹底的に五輪取材の荒武者修行をさせてくれたのが支局長の豊田正彦さんと松瀬さんだった。「群れると、弱くなる」。個人の記者として踏ん張れ、と松瀬さんは筆者の背中を押し続けてくれた。その松瀬さんとかつて、記者の立ち位置をめぐって仲違いをしてしまった。それから約5年の歳月が流れていた。東京五輪のメイン・プレスセンター、しかも開会式の当日という奇跡のような機会を得て再会し、また一緒に五輪取材に取り組むことができた。そして生まれたのがこの一冊である。

◆マスクをした踊り子と空席の観客席―東京五輪開会式の象徴

暗闇の中、カウントダウンが始まった。そして午後8時ちょうど、会場全体を照射する閃光と共に東京五輪の開会式が始まった。会場を見回すと観客で覆い尽くされているかのように見える。まるで観客席から歓声がこだましているようだ。会場のあちらこちらから照らし出される光が交錯する中、目をこらしてみると、白、薄緑、グレー、深緑、濃茶の座席がまだら模様に配置されているだけだ。目の錯覚を利用して、空席を目立たないように施工された。この座席が東京五輪のペテンを象徴しているかのようだった。

アトラクションが約1時間続いた。ただ、筆者の席からはパフォーマンスを繰り広げるピクトグラムの青い人間の姿は見えない。過去から現在までの五輪の栄光をテーマにした映像も見えない。ただ、人垣が右に左にうごめいているだけだ。響き渡る重低音の音楽とめまぐるしい光の演出だけが脳裏に焼き付く。いつの間にか、競技場の四方から薄いピンクや緑色のマントを着た踊り子たちが会場全体に散らばった。よく見ると、みんな帽子をかぶり、マスクをしている。そして暑苦しいマントも纏っている。すると、指定の場所に立ち、踊り始めた。

〝マスクをした踊り子たちは、踊り続ける。手を振り笑顔で、踊り続ける。〟

その直後、選手の入場行進が始まった。ただ、筆者の席からは国旗を立てて選手が行進していく姿が遠目に見えるくらいだ。ギリシャを先頭に五輪難民選手団が続く。トンガの裸体の旗手の姿は会場に設置された大型モニター越しに知った。２０５国・地域と難民選手団から約６０００人が行進した。新型コロナウイルスの感染対策のため、互いに2メートルの距離をとった。とにかく長い。とにかく時間がかかる。開会式は世界から選手が一堂に会し、平和裏に行われる五輪を祝う式典といわれる。ここで選手が友情、連帯、そしてフェアプレーを誓い合う。開会式の入場行進を夢見ている選手は大勢いる。ただ、五輪か開かれるたびに繰り返されるこの単調で間延びした行進に、少なからずの選手から悲鳴が聞こえてくるようだ。

ＩＯＣが思い描くこの開会式の理想はすでに形骸化している。通常だと、翌日に試合がある選手は開会式を中座する。コンディションを整えたい選手や大会期間後半に出場する選手は開会式を棄権することはざらだ。世界から集まった選手が同じ屋根の下で一時を過ごすという理念の選手村とて同様だ。プロ選手の多くは選手村には滞在せず、高級ホテルに宿泊する。五輪はどこに向かって行進しているのだろう。五輪人気の維持高揚とＩＯＣの利潤最大化を目的に、無軌道に競技種目を増やしてきた。その結果がこの開会式だ。巨大化しすぎた五輪で、これまで通りの開会式を実施するには無理がある。

筆者の背後には机付きの記者席があった。そこから眼前で繰り広げられるパフォーマンスや入場行進を見ている記者などいない。記者席からはその様子がよく見えないし、実際の光景とテレビに映し出させる映像とは全く異なる。お茶の間に届けられる開会式の映像は、リアルとバーチャルを組みあわせたメディアとIT技術の祭典そのものだ。２００８年北京夏季五輪では、開会式の花火でさえコンピューター・グラフィックを利用した。開会式の会場にいる記者は机上のモニターを凝視して、現実と仮想が入り交じる「開会式」の様子を克明に描写しようと、パソコンのキーボードをたたく。締め切りに間に合わせようと、各国の記者たちはみんな必死だ。ただし、こんな取材ならこの会場にいる必要など全くない。

この間、〝**マスクをした踊り子たちは、踊り続ける。手を振り笑顔で、踊り続ける。**〟

◆パノプティコンで監視される五輪囚人たち

ＩＯＣのトーマス・バッハ会長ら五輪貴族は会場が一望できる居心地の良い快適な貴賓室から眼下で繰り広げられる饗宴を楽しんでいる。しかも、息苦しい蒸し暑さの中、必死に踊り続ける無名の人々の表情は視界に入らない。他方、踊り子たちの位置からは五輪貴族の姿は見えない。この光景を見て、筆者はミシェル・フーコーの著書『監獄の誕生――監視と処罰』に出てくるパノプティコンを思い浮かべた。敷地の中央にある高い監視塔からすべてを監視できる円形の刑務所施設のことだ。少数の権力者による多数の個人の監視と教化の仕組みが暗喩されている。

踊り子たちがパノプティコンの囚人と重なり合った。栄光の「平和の祭典」を潤色するため、踊り子たちは踊り続けることを運命付けられる。笑顔を絶やしてはいけないし、マスクを外すことすら許されない。五輪貴族の操り人形が常に目を光らせている。いつ、カメラを向けられるか分からない。五輪の開会式はIOCの権威付けと体制維持のためのマスゲームそのものだ。多分にデフォルメされ、希釈されたこの人権侵害に気付くひとは少ない。

これを知ってか知らずか、〝**マスクをした踊り子たちは、踊り続ける。手を振り笑顔で、踊り続ける。**〟

踊り子たちはなにを見つめて踊っているのだろう。なにを思い浮かべて踊っているのだろう。目の前で踊り続ける踊り子たちにこんな思いを抱いた。

◆「復興五輪」は遠いかなたへ

この入場行進は五輪史上最長となる約2時間に及んだ。ようやく行進が終わると、日本選手団の山県亮太主将と石川佳純副主将らが選手宣誓をした。会場にはジョン・レノンが世界平和を歌った「イマジン」が響き渡った。コロナ禍が拡大し日本国民の8割以上が開催反対を表明する中、開会式は強行された。国民や選手の分断がますます拡がる中、この曲が「犠牲の祭典」で流れることをジョンは望んだのだろうか。「イマジン」と同時期にローリング・ストーンズはアルバム『ベガーズ・バンケット（乞食の饗宴）』をリリースした。筆者の耳にはこれに収められた「悪魔を憐れむ歌」が会場を包み込んでいるかのようだった。この曲は悪霊による世界支配をテーマにした呪術的な歌詞とメロディーで知られる。東日本大震災からの復興をうたった五輪が、いつのまにかその看板が多様性と調和、そして安心・安全にすり替わっていた。夜空には大会ロゴをかたち取った青と白の市松模様が浮かび上がった。

夜空を見上げるのは許されず、〝**マスクをした踊り子たちは踊り続ける。手を振り笑顔で、踊り続ける。**〟

東京五輪組織委員会の橋本聖子会長の開会あいさつが始まった。すると踊り子たちの踊りが止まった。次の試練は拍手だ。拍手を送り続ける。橋本会長は「世界中が困難に直面する中、再びスポーツの力、オリンピックの持つ意義が問われています」と、選手がまばらで観客のいない会場に向かって訴えた。「スポーツの力」がむなしく会場にこだましました。

〝マスクをした踊り子たちは、拍手を続ける。厳かな表情で、拍手を続ける。〟

次にIOCのバッハ会長が登壇した。話が長い。分断された世界のために「ソリダリティー（結束）」を連呼する。空虚な呪文、いや、意味をなさない音の配列にしか聞こえなかった。五輪関連ビジネスで500億円もの私的な富を築き上げたバッハ氏の姿と、裸足で泥道を駆け回って練習する途上国の選手との姿が重なり合うことは無い。自身がスポーツ界の格差や分断の象徴であることにさえ気付かないバッハ氏がおおげさな身振り手振りを交えてカメラに向かって訴える。その視線に先には選手もボランティアも、そして踊り子たちもいない。カメラを通じてバッハ会長が秋波を送るのは将来の五輪スポンサーでしかない。

◆なにを「記念」する大会なのか

犠牲を強いられても、**〝マスクをした踊り子たちは、拍手を続ける。うつろな表情で、拍手を続ける。〟**

すでに踊り子たちが踊り続け、拍手をし続けて3時間が経っていた。だが、踊り子たちがクローズアップされることはない。そして天皇に開会式辞のバトンが渡された。1964年の東京五輪で、昭和天皇は「第18回近代オリンピアードを祝いここにオリンピック東京大会の開会を宣言します」と話した。今回は違った。「私は、ここに、第32回近代オリンピアードを記念する、東京大会の開会を宣言します」と短く宣言した。

そこには祝いの言葉はなかった。

この開会式が祝典でないとすると、これはいったい何なのだろう。いったい何を「記念」すればいいのだろう。筆者は開会式場でふさぎ込んでしまった。五輪が持つ意義はすでに失われ、一都市で開催することは不可能だ。このまま突き進むことは許されない。ＩＯＣと五輪は制度疲労を起こしている。こうして「呪われた開会式」が終わり、「犠牲の祭典」が始まった。そして、「日本人金メダル第一号」の速報と共に、すべてが忘れ去られる。これが五輪の持つ魔力だ。そしてまた、この東京五輪でも現実となった。

※『メダルラッシュとともに、すべてを忘れてよいのか　「犠牲の祭典」の真の姿を、冗漫な開会式に見た（朝日新聞「論座」、2021年7月30日）』を加筆修正。

二　「五輪」というビジネスモデルの特徴と限界

◆「友愛」と「尊重」を欠くIOC幹部

東京五輪開催の是非をめぐって、開幕直前に開催国の国民に対する敬意や配慮を欠いたＩＯＣ幹部の暴言が看過できない問題に発展した。バッハ会長は犠牲を払えと、ジョン・コーツ副会長が緊急事態宣言下でも開催できると、果てはディック・パウンド元副会長がアルマゲドン（最終戦争）に見舞われない限り計画通りに開催すると言い放った。いみじくも日本は国民主権の民主主義国家だ。コロナ禍という緊急事態の中、不安に駆られ困窮する国民の同意も無く、ＩＯＣが土足で東京に乗り込んで「犠牲の祭典」など好き勝手に強行開催できようはずもない。ＩＯＣ幹部の発言からは「友愛」や「尊重」という五輪の価値を見いだすことはできない。

五輪というビジネス・モデルはすでに破綻している。開催地に巨額の費用を求め、住民やボランティア、そして五輪選手らに犠牲を強いる。4年に一度、2週間で33競技339種目も一気にこなすことに無理がある。五輪はIOCと開催都市、そしてメディアの協働で成り立つ。いやこの三者の共謀がその実態だ。ここではIOC側から見た五輪ビジネスの虚構について論じていきたい。

◆米五輪専門ネット・メディア「ATR」

筆者は米五輪専門メディア、ATRの記者としても活動している。これは個人ジャーナリストが集まったギルド組織で、他に本業を持っている者も多い。筆者は東京五輪のボランティアと同様に、期間限定かつ無報酬のボランティア記者として、1998年長野冬季五輪から2021年東京夏季五輪まで、距離を保ちつつATRに関わってきた。ATRはエド・フーラ編集長が1990年代に米国ジョージア州アトランタで創業したネット・メディアで、IOCや国際競技連盟（IF）の政治経済動向にまつわるニュースを主に扱っている。また、フーラ氏はいわゆるIOC記者の一人で、毎日新聞に『五輪を語ろう』というコラムを持ち、定期的に寄稿してきた。

ATRは定期購読料と広告収入で成り立つ。購読者は五輪関係者が主で、広告主は招致都市や五輪スポンサーが多い。五輪にすがる弱小メディアで、IOCが変調をきたせばATRは破綻する。読売新聞社のIOC記者、結城和香子編集委員は自著の『オリンピックの光と影—東京招致の勝利とスポーツの力』で、ATRについて「広告費の加減なのか、特定の招致都市に肩入れした論調が出ることもあるため、公平さには少し疑問符が付く」と評した。ちなみに、読売新聞東京本社は東京五輪組織委員会のスポンサーで、ＩＯＣ記者の結城氏は取材先である五輪組織委の内部組織「メディア委員会」のメンバーであった。組織委はスポーツ界の権力である。その内側から記者として権力を監視、批判できるのだろうか。

◆予算「7340億円」の無理筋は、IOCと開催都市の共謀

「五輪というビジネスはもう持たない。失うものがあまりに大きすぎる」。フーラ編集長が筆者にこう語ったのは２０１３年９月、２０２０年夏季五輪が東京に決まったときのことだ。開催予算７３４０億円、８月開催。都の立候補ファイルに明記されたこれら非現実的な数字を見て五輪を見限った。五輪開催費用については組織委に批判が集まりがちだ。これに関してＩＯＣは他人事といった風情、時に組織委を批判もする。だが、その責任は当然ＩＯＣにもある。これまでの開催経緯からＩＯＣ委員ならば誰もが当初予算が雪だるま式に膨れ上がり、結果的にその数倍にまで達することは百も承知だ。また、８月の東京の猛暑と高い湿度が選手を危険にさらすことや、８月開催は米国放送局、ＮＢＣからの放送権料をつり上げるためだと分かっている。立候補ファイルの内容を鵜呑みにするＩＯＣの評価委員などいない。つまり、五輪招致はＩＯＣと立候補都市の暗黙の了解による共謀から始まる。

結局、東京五輪の開催費用は組織委予算だけで1兆６４４０億円、関連費用を合わせると3兆円を超えた。このうち、ＩＯＣの負担分はたったの１４１０億円、割合にしてわずか8・5％だ。また、東京の酷暑が問題となり、マラソンと競歩の競技会場は札幌に変更された。この移転開催費用は１００億円を超える。ＩＯＣのその負担分は20億円だけであった。民間企業でこんなずさんな予算管理と運営計画をしていたら、経営

責任を問われて然るべきだ。だが、ＩＯＣも組織委も馬耳東風というさまだ。このつけは、五輪閉幕後に税金というかたちで国民に回ってくる。

◆民間団体のＩＯＣは、開催地の問題など眼中にない

ＩＯＣの不正腐敗や傍若無人はこれまで散々論じられてきた。ここで、これらを生み出すＩＯＣの構造的な特徴を見てみよう。ＩＯＣはスイス連邦法に基づく非政府組織（ＮＧＯ）で２００９年、国連総会でのオブザーバー資格を得た。ＩＯＣは国連と同様の公的機関だと強調するが、実態は外部からの目が入りにくい民間団体である。委員定員は１１５人で、うち70人は個人資格で選出される。各国オリンピック委員会（ＮＯＣ）やＩＦの代表はそれぞれ15人まで、選手委員が15人選ばれる。これらに王族や貴族が多く含まれ、独裁国家の有力政治家もいる。ＩＯＣの最大の特徴は、五輪大会という商業イベントを主催する以外、ほとんど機能を持たないという点である。選手はＩＯＣに属しているわけではないし、各競技の運営はＩＦで、選手を派遣するのは各国オリンピック委員会（ＮＯＣ）だ。

これら三者間で利権の奪い合いが生まれ、開催都市のことは二の次三の次となる。立候補都市や開催都市の住民は五輪が開かれれば競技場で観戦できると夢を膨らませる。実際には競技場の特等席はＩＯＣ関係者とスポンサーが占領し、一般の人が良い席を手に入れるのは限られている。つまり、五輪は公共の仮面をかぶった私的なスポーツ・イベントという横顔を持つ。新国立競技場の一般向け最上階席からは選手は豆粒程度にしか見えない。そして借金だけが残される例えようのない悲劇だ。

◆組織そのものが不正と汚職の温床

ＩＯＣの定年は原則70歳となっているが、４年間は延長が可能で、１９９９年以前の選出委員は80歳である。事実上、いったん委員に就任すれば一生涯に渡って安泰という仕組みだ。長く権力の座に居座ればさまざまな誘惑もある。まっとうな国際機関であれば通常、権力集中と腐敗防止のため、任期を短くし再選も限定的だ。異常に長い任期や不透明な選出方法などＩＯＣの仕組み自体が不正や汚職の温床になっている。例えばパウンド元副会長は１９７８年にＩＯＣ委員に選出された。現在も現役で、任期は半世紀近くにも及ぶ。また、世襲のような委員もいる。サマランチ元会長が２００１年会長職を辞任した直後、五輪の経験もさしたる知識も無い息子のサマランチ・ジュニアが委員に選出された。

さらに、ＩＯＣは不正・汚職に対しての対応や処分が甘く、自浄作用も効かない。１９９８年、汚職事件で国際サッカー連盟（ＦＩＦＡ）を追放されたアベランジェ会長はＩＯＣ委員でもあった。ＩＯＣは彼を追放する前に辞任を許した。国際陸上競技連盟（ＩＡＡＦ）のラミーヌ・ディアック元会長は１９９０年代から再三に渡って不正事件が明るみになり、ＩＯＣはこれらに対して警告はしたものの、結局は１９９９年に委員に選任した。東京五輪招致では、アフリカ出身委員に影響力があったディアック委員の息子に不正資金が流れた。２０１３年に事件化し、その責任を取るかたちで竹田恆和氏はＩＯＣ委員を事実上の辞任に追い込まれた。このほかＩＯＣ委員の腐敗に関する枚挙にいとまが無い。１９９８年の長野五輪や２０００年のシドニー五輪の招致を巡り過剰接待や賄賂が発覚し、１９９９年に委員7人を追放、10人を警告処分にした。その後、ＩＯＣは倫理委員会や外部有識者をあつめた「２０００年委員会」を設置したが、焼け石に水という状態だ。

不正や汚職への自浄作用が弱いのは、委員同士の牽制が効かない構図があるためだ。IOCの委員だとしても、自国の都市が開催都市に立候補する場合、その招致活動の一員となり、周りのIOC委員にその協力を頼む。実質的に終身任期なのでこうした機会が幾度も回ってくる場合がある。しかも、開催地決定の票を依頼された委員も明日は我が身だ。こうして次第になれ合い、癒着し腐敗していく。

◆いびつな収益構造　放送権料とスポンサー料が9割

IOCが公表した直近（2019年）の年次報告書を眺めると、収入が年々増加していることが分かる。シドニー五輪開催期（2000年―2004年）が30億ドル（約3000億円）だったのに対し、リオデジャネイロ五輪期（2013年―2016年）には57億ドル（約6270億円）とほぼ倍増した。そこでいびつな収入構造を目の当たりにする。総収入のうち放送権料が73%、スポンサー収入が18%とこの二つで総収入の約9割を超える。IOCは五輪にからむ権利ビジネスの主体だということに気づく。なるほど、IOC幹部に五輪の仮面をかぶった弁護士・ビジネスマンが多いのもうなずける。先に記した暴言IOC幹部らは選手以上に弁護士としての経歴のほうが長い。

非営利法人であるIOCは総収入のうちNOCやIFなどに約50%、五輪開催関連で25%を分配する。この構図はマネーロンダリング（資金洗浄）の舞台となるペーパーカンパニーにどこか似ている。IOC自体はカネを右から左に流す導管体のようなものだ。カネの行方にNOCやIFがある。しかもIOC委員自身がこれらの幹部を兼務する場合が多い。さらに兼務先と関係がある企業や団体の顧問を務めることもある。カネの流れが複雑であるほど、不正が起こりやすい。確かにIOCの情報開示はかなり進んでいる。委員報酬は交通・宿泊費を除いて年間7000ドル（約84万円）と公開され、この額からすると名誉職といっていい。バッハ会長の年間経費も22万5000ユーロ（約2900万円）程度に押さえられている。だが、IFやその末端の組織の情報開示が不十分な場合があり、IOCから流れたカネの行方が不透明なこともある。つまりIOC委員はその肩書きで、いくらでもカネ儲けのチャンスがあるのだ。

◆資金潤沢なIOC

東日本大震災やコロナ禍の影響もあり、東京五輪の開催予算が逼迫した。だが、資金潤沢なIOCがこれを支援することはなかった。IOCの2019年度の連結貸借対照表によれば、総資産が約53億ドル（約5830億円）で、このうち基金が約25億ドル（約2750億円）とその47％も占める。基金とは内部留保のことで、いわば貯金だ。また連結キャッシュフロー計算書からIOCが自由に使えるフリーキャッシュフローを計算すると、1億8358万ドル（約201億円）にも達する。IOCの財務状態は良好で、資産の流動性も高い。いざというときに基金から、しかも現金で財政出動が十分可能だ。開催都市がまかなう費用やボランティアの無償活動あってこそ、五輪大会は開催可能になる。そこで潤って、残ったカネがこの基金だ。それなのに、IOCの東京五輪の費用負担は一割にも満たなかった。バッハ会長が東京五輪開幕前に海外メディアから「ぼったくり男爵」の称号を受けたゆえんだ。

◆すでに始まったブランド毀損

現在、放送権料とスポンサー料という二つの収入源だけに頼ってIOCは存続している。ただ、これらは安定収入とは言いがたい。これら収入源の対価は「五輪」というのれん代だ。その実態が掴みにくく、なにかの拍子でいとも簡単に消えて無くなる。IOCが持つブランド価値はもはや、著しく毀損している状況だ。夏季大会を猛暑の8月に開催しかできないのが、この何よりの証左だ。五輪人気が確実であれば、米国の大リーグやプロバスケットのNBAなど人気スポーツを押しのけて、気候の良い「アスリート・ファースト」の時期に開けるはずだ。東京五輪以前の五輪スポンサー契約は一業種一社に限定されていた。これはブランド価値が高いからこそ可能な経営戦略だった。だが、東京五輪ではそれを解禁した。また、IOCはこれまで、大会ごとに放送権料の契約をしてきた。だが2014年、米NBCとは、2022年から2032年までの夏冬6大会を76・5億ドル（約8415億円）で一括契約した。この複数大会契約は、IOCが今後の五輪開催に懸念しているためといわれる。つまり、五輪というブランド価値が減損し続けているのだ。

◆優雅な貴族と新興ブルジョアのサロン文化が五輪をダメにする

危機的な状況が迫りつつあるものの、IOCの改革は遅々として進まない。これはIOC委員に特権意識がこびりついていることに起因する。一介の選手から貴族へとIOCは階級社会の階層移動の装置として機能している。その内部の関係は、英国市民革命後の黄昏ゆく優雅な貴族と、商魂たくましい新興ブルジョアの関係に似ている。五輪の光と影というなら、サマランチ元会長抜きでは語れない。五輪を再興させたと共に、商業主義に貶めた。「100％のフランコ主義者」を公言していたサマランチ氏はスポーツ記者出身だ。ただし、この記者は権力の監視と批判を含意しない。五輪をつてに金融業などで財を築き、母国スペインで1991年、侯爵に上り詰めた。その後のサマランチ氏の身の振る舞いは貴族そのものだ。長野五輪招致時には千葉の幕張から長野まで「お召し列車」で移動して物議を醸した。これは現在のIOC委員にも該当する。東京五輪開催時、新型コロナ感染防止のためにと新幹線一両貸し切り、航空機はチャーターとなった。

IOC委員の特権意識は数え上げたらきりが無い。筆者は五輪取材をしながら、幾度もこれを目の当たりにしてきた。これがIOCへの批判につながっているのだが、五輪貴族はその態度を一向に改めようとしない。五輪大会期間中、競技場への選手優先を名目に、開催地の至る所で交通規制がされる。ただ、この中には五輪貴族の私的な輸送も含まれる。2008年北京夏季五輪の期間中、万里の長城「八達嶺」が入場中止になり、北京市内からの道路が封鎖された。市内の交通はますます混乱した。実はこれ、IOC委員の物見遊山のためだった。2018年平昌冬季五輪では選手村と競技会場が離れており、渋滞が発生すると選手が試合開始時間に遅れる事態が何度かあった。IOC委員はというとアルペン・スキー競技会場の目の前にある豪華な新築リゾートホテルに滞在し、その部屋から優雅に雪景色と五輪競技を楽しんでいたのである。

IOC関係者は東京五輪期間中に「The Okura Tokyo」など4つの日本の最高級ホテルに宿泊した。中には1泊300万円もする部屋もある。これを五輪期間中の特別価格にすれば想像もつかない額だったろう。組織委が大半を負担する予定だったが、批判が相次ぎIOCが全額負担することで落ち着いた。五輪貴族は大会期間中、毎晩のごとく贅を尽くした饗宴を開く。これについて組織委の森喜朗前会長でさえ、「同じ人がパーティーばかりやっている。そういうのはやめた方がいい」と呆れかえったほどだ。

◆がまんの限界に達したボランティア精神

五輪大会は基本的に、選手や開催地の住民ら様々な人々のボランティア精神の上に成り立っている。だが、すでにこの土台が崩れ去る事態に陥っても、五輪貴族はその態度を改めない。五輪大会は世界最高峰の選手らが競演する大会であり、そのブランド価値は選手らによる身体表現から生まれる。「アスリート・ファースト（選手第一主義）」が大前提でＩＯＣや組織委がこれを盛んに喧伝すること自体が自己矛盾に陥っている。選手の中には五輪の開催頻度に不満を抱く者も多い。特に選手人生が短い競技で顕著で、4年に一度しかないたった2週間の五輪期間中にその競技能力のピークを合わせるのは至難の業だ。ただ、マイナー競技の選手の場合、これを公に訴えることは少ない。大勢の観客が集まる唯一の晴れ舞台が五輪だからだ。

東京五輪ではボランティア人員は組織委が募集した大会ボランティアは8万人、東京都が募集した都市ボランティアが3万人の計11万人にも及んだ。この多くは炎天下で観客の道案内のような内容だ。「やりがい詐欺」と批判されたのはこのためだ。極寒期に開催された２０１８年平昌冬季五輪では大会期間中、２０００人ものボランティアが劣悪な労働環境を訴えて離脱した。日本の納税者、大会ボランティア、そして五輪選手の悲鳴が東京中にこだました。五輪ビジネスはもう限界、壊れかけている。ＩＯＣと五輪そのものの継続可能性が問われている。

※『崩壊を始めたIOC、「五輪」というビジネスモデルはもう破綻した。「貴族」優遇の陰で犠牲になる選手、ボランティア、そして日本の納税者（朝日新聞「論座」、2021年6月9日）』を加筆修正。

三　東京五輪招致のポリティカル・エコノミー、ゲーム理論の「から脅し」を駆使

２０１３年9月、アルゼンチンのブエノスアイレスで開かれたＩＯＣ総会で２０２０年五輪夏季大会が東

京に決まった。東京都はなぜ五輪を招致したのだろう。当時、東京五輪招致委員会は「震災後のスポーツの力」や「成熟国でこその開催力」を掲げていた。この開催目的が判然とせず、IOC委員からも疑問の声が上がっていた。招致活動では高円宮久子さんの優雅なフランス語と英語のスピーチや、滝川クリステルさんの日本の「お・も・て・な・し」という最終プレゼンテーション、そして安倍晋三元首相の「フクシマはアンダーコントロール」という発言。これらが東京選出の決め手になった。国内メディアの多くはこう書き立てた。これに対して、憮然としたのが物知り顔の国内大手マスコミのIOC記者だった。いやそんなことはない、安倍首相のトップ外交や舞台裏での五輪貴族独特のロビー活動が奏功したのだと、すぐさま反論した。

ただ、これらいずれも五輪の開催目的や招致理由というのは難しい。一国の首相や大統領が五輪貴族らに愛敬を振りまきながら多少の賄賂をばらまけば、五輪招致が成功するとは到底思えない。ここでは五輪招致の目的と五輪ビジネスの構造についてポリティカル・エコノミーの視座から述べていきたい。五輪開催地を招致するのは「国」でなく「都市」だ。ここに東京五輪招致の本質が見え隠れする。招致段階で本来前面に出て招致活動すべき猪瀬直樹・元都知事の影は薄く、安倍元首相のパフォーマンスが目立った。なぜか。安倍氏の姿はなにを意味したのか。そこには東京に投票しないと「日本発の世界金融危機」が到来するとブラフをかける、政治学や経済学のゲーム理論でいう確証の無い「から脅し」が潜んでいた。

◆五輪の実態は利権がらみの公共事業

五輪招致を読み解くには、国際政治やグローバル経済の知識が無いと難しい。ここで東京五輪開催が決定した2013年当時のこれらの状況について簡単に触れてみよう。招致成功は安倍元首相がブエノスアイレスで開かれたＩＯＣ総会にたどり着くまでの足取りにカギがある。この年といえばリーマンショックの後遺症「静かなる世界恐慌」からの安定回復が、ロシアのサンクトペテルブルクで開かれたＧ20首脳会議の議題だった。この頃、欧州では幾度も金融危機がささやかれた。候補地の一つ、スペインのマドリードはこの影響で開催困難とされていた。もう一つの開催候補地、イスタンブールのあるトルコとて状況は変わらなかった。経常赤字がＧＤＰ比79％にも悪化するなど、財政上の行き詰まりが見えていた。しかも、政情不安によるテロの危機から開催を危ぶむ声もあがった。そして、東京とて経済的に安定した状況では決してなく、危機的な状況からようやく脱出という局面だった。この頃、日本の国債は際限なく積み上がっていた。１９８９年度末に１６１兆円だった累積国債発行額が、２０１３年度末は７４４兆円にまで達した。当時、日本が債務不履行（デフォルト）を起こせば、世界経済が破綻するとまで言われた。経済大国日本が危機に陥れば、五輪など開催している場合ではなくなる。とりわけ発展途上国は戦々恐々としていたのである。

国家の経済政策には公共事業を主体とする財政政策と、金利を上下させる金融政策がある。この二つの政策を同時に実施することで相乗効果が生まれ、効率的に経済効果を上げることができる。これまでの五輪開催都市は大規模な社会インフラの整備といった実現困難な政策課題を抱えていたことが多い。これには巨額の財政出動と増税が不可欠であるため、五輪を隠れ蓑にして乗り越えてきた。故に開催都市とＩＯＣの共謀が生まれ、五輪の政治化が必然となる。21世紀初頭の国内では「悪・ムダ」の公共事業の象徴が道路公団だった。その民営化で猪瀬直樹氏が急先鋒として活躍していた。また、リーマンショックの翌年、２００９年の総選挙では民主党が政権についた。選挙では公共事業について「バラマキ」や「古い自民党体質」だと批判し、「コンクリートから人へ」を掲げた。事業仕分けで民主党は公共事業を徹底的に削減していった。公共事業という財政政策は建設業など特定の業種に恩恵が偏る傾向にあり、増税に結びつくことも多い。これを生み出す国土交通省は諸悪の根源のような扱いを受けた。そして、公共事業の縮小は財政規律を重んじる財務省が暗躍した。ただ、これが行き過ぎてしまったのだ。2010年度の日本政府の公共事業関係予算は5・8兆円で、2001年度の9・4兆円からすると約4割も削減された。当時の自民党国土交通部会は「公共事業関係予算の削減は、既に限界に達している」と決議文を出したほどだ。実際に国内の建設業界は疲弊しきっていた。たしかに、公共事業の多くは政治家の利権が絡む。ただ、国の経済政策として重要な意味を持つ。

政権を奪還した安倍元首相は2012年、経済政策「アベノミクス」を打ち出した。これはマイナス金利をも容認する、無制限の量的緩和という金融政策を柱とした。ただ、これは社会全体に行き渡るのに時間がかかると共に低所得者層は実感しにくい。一方、大規模な公共事業を柱とする財政政策のカードは切りにくい状況だった。つまり、金融政策一本槍のアベノミクスは綱渡りのような状況だった。そこで財務官僚はアベノミクスの財政政策として「五輪」を考えついた。道路でなく、スポーツ施設であれば国民からの批判をかわせる。日本人の多くが信仰を寄せる「五輪」に紐づければなおさらだ。政治家にとっても五輪という錦の御旗は、利権ビジネスの隠れ蓑になりえる。五輪招致では政治家と官僚の思惑が一致した。建前では公共事業を批判する野党もこれに乗った。2016年大会の五輪招致では、国の関与は限定的だった。2020年大会では一転し、五輪を国家プロジェクトとして格上げし、首相が先頭に立ったのである。

◆「から脅し」の最高の舞台、デフォルトにおびえるブエノスアイレス

サンクトペテルブルクのG20会場にたどり着いた安倍首相は、その場で東京の五輪招致が世界経済破綻から逃れる唯一の道と匂わせた。これがゲーム理論でいう「から脅し」である。この頃、東京招致成功の情報が管轄する文科省関係でなく、財務省関係から盛んにリークされていた。国家運営の危機に立つ一国の首相にとって、G20首脳会議とIOC総会のどちらが重要かといえば答えは自明だ。2013年にブエノスアイレスで開かれたIOC総会当時、アルゼンチンは債務不履行（デフォルト）の危機が差し迫っていた。実際、翌年にそれが現実になった。「日本発の世界金融危機の恐怖」という土産を持参した安倍首相は、G20を中座して一路ブエノスアイレスに向かった。デフォルトによる国家破綻の恐怖におびえる同地は、東京五輪開催を訴える最高の舞台だった。IOC総会に乗り込んだ安倍首相の登場そのものが、招致をもぎ取る脅しのメッセージだった。カネの匂いに敏感なIOC委員らはこれにすぐ反応した。自国の有力政治家にも点数を稼げる。IOC委員の多くは独裁者の身内であったり、子飼いであったりと自国の為政者の操り人形に過ぎない。残念ながらアジアやアフリカの発展途上国出身のIOC委員に多い。自国の為政者におべっかを使いつつ、陰に隠れて支持を見返りに東京五輪招致委から「お土産」をもらう者もいた。

五輪大会の本質は利権がらみの公共事業であることは東京五輪から始まったわけではない。IOC委員も、招致する都市やその国の為政者も、それを十分に過ぎるほど理解している。だから五輪はIOCと開催地の共謀なのだ。これは2012年のロンドン大会でもそうだった。招致決定当時の英国は労働党のブレア政権だったが、新自由主義的なサッチャリズムを継承した「第三の道」を歩んでいた。ここでも表向きは公共事業には消極的だったものの、五輪という後ろ盾を作ってそれを進めた。この大会の開催予算も当初の4540億円から1兆1400億円まで膨れ上がった。東京五輪招致の目的は国家の財政政策を暗黙裡に遂行すること、アベノミクスを成功させる一助とすることにあったのである。そしてこれには負の側面も付随した。

◆五輪ビジネスの本質は利権がらみの公共事業

開催地にとって五輪ビジネスの本質は利権がらみの公共事業だ。その代表例が2014年のソチ冬季五輪だ。この大会の開催費用は当初予算の4倍超の5兆2300億円と、2008年北京夏季五輪を1兆円も上回る過去最高額となった。これには競技場など大会関連費用だけでなく、周辺の道路や鉄道、病院や発電所などの建設といった公共事業が多く含まれた。その多くの発注先がプーチン大統領の関連企業とされた。しかも、これらの多くが軍事転用できる代物だった。五輪開催は目くらましに過ぎない。東京五輪でも同様で開催予算の推移を見れば一目瞭然だ。開催が決まればあとはやりたい放題という状況が続く。東京五輪招致委員会が立候補ファイルで示した開催予算は7340億円だった。それがコロナ禍以前の2019年末時点で1兆3500億円に増加。さらにコロナ禍による1年延期と感染防止対策で2940億円が加算され結局、当初の2倍以上の1兆6440億円に膨れ上がり、関連費用を合わせると3兆円を超える。これが招致委や都が掲げた「世界一コンパクトな大会」の実相だった。しかも、東京五輪閉幕後に贈収賄や談合と言った不正事件が噴出してしまった。

ここで招致成功の翌年、2014年度の東京都の予算を見てみよう。建前上、五輪招致は都市としての東京都だ。一般会計の予算規模は前年度比6・4%増の6兆6667億円だった。このうち、五輪関連費用として、開催準備に81億円、施設整備に20億円の合計101億円が計上された。この欄には経済波及効果約

3兆円と付記されている。これらから計算した投資利益率（ＲＯＩ）で表せば３００倍と驚異的だ。国内上場企業の平均ＲＯＩが約5％からすると、馬鹿げているとしかいいようがない。都の予算書にもこんなまやかしの数字が羅列されている。これに加えて、「『おもてなし』の心を備えたまちづくり」に85億円が五輪関連として追加で計上されている。この内訳には「おもてなしの心の醸成」の4億円など、意味不明の事業に税金が投入されている。東日本大震災の復興予算でもそうだったが、どさくさに紛れた無駄遣いを数えたらきりが無い。

五輪開催費用は組織委、東京都、国の三者で拠出することになった。この費用のうちもっとも大きな割合を占めるのが会場の整備費用だ。２０２０年12月に公表された組織委負担分の開催予算1兆６４４０億円のうち、会場整備費はその半分を占める８０７０億円にも達した。さらに、国や都が負担する関連費用から拠出される道路整備などを含めれば、公共事業の予算は莫大になる。五輪の実態が公共事業工事だといわれるゆえんだ。大規模な競技場を都が単独で整備するのは無理がある。そこで、国が関わってくる。五輪開催の主体が開催都市でなく、開催国が取って代わるのはこのためだ。競技施設などが未整備の発展途上国などではまだ意味があろう。１９６４年東京夏季五輪はその典型例だった。ただ、これら社会インフラが整った国ではその意味が薄れる。

精神疾患が増加し高齢化が進む日本では、国民の健康増進や健康保険料の抑制のためにも、地域の運動場や体育館を作った方が有意義だ。五輪開催費用3兆円を充てれば、どれだけの国民がその恩恵を受けられることか。五輪の一瞬の感動など比べものにならない。東京五輪招致成功時の都知事は猪瀬直樹氏だった。作家時代には利権がらみの公共工事の代名詞といって、道路公団批判で一躍有名になった。その猪瀬氏が都知事になったとたん、もう一つの利権がらみの公共工事の代名詞、五輪招致を支持したことはなんとも皮肉だ。

※『「お・も・て・な・し」「アンダーコントロール」は招致の決め手ではなかった〜利権まみれの「公共事業」（上）金融危機の不安が東京五輪への流れをつくった（2021年7月4日）』を加筆修正。

四　蒸発する東京五輪の責任主体

２０１３年11月、トーマス・バッハ氏が国際オリンピック委員会（ＩＯＣ）会長に就任して初来日した。都内で記者会見を終えた後、真っ先に向かったのが電通本社だった。一階の大ホールで開かれたＩＯＣ主催のレセプションには、当時の下村博文文部科学相、森喜朗元首相、猪瀬直樹都知事を交えて財界関係者約２００人が参席した。この席でバッハ会長は資金的な協力を強く呼びかけた。共著者の松瀬さんと共に、筆者はこの席にＡＴＲ記者として参加した。１９７６年モントリオール夏季五輪の金メダリストとして知られるバッハ会長は１９８５年にはＩＯＣと関わりの深いアディダスの国際担当となり、その後はシーメンスなどドイツの大企業の顧問弁護士や役員として高額な報酬を得てきた。ＡＴＲのエド・フーラ編集長によると、バッハ会長はオリンピアンの仮面をかぶった貪欲なビジネスマンだ。週刊文春の報道によると、バッハ会長が独シーメンス社の顧問だった際、年間約５３００万円の顧問契約料のほか、1日約66万円もの日当も手に入れていたとされる。この日当が同社の監査役会で問題視され、バッハ会長は解任された。バッハ氏個人が五輪がらみで築いた財産は５００億円にも達するという。

アディダスはというと五輪との関係は長く根深い。同社の会長は１９８２年、スイスで電通と合弁で、国際スポーツ・マーケティング代理店のインターナショナル・スポーツ・アンド・レジャー（ＩＳＬ）を設立した。このＩＳＬはスポーツ界の不正利権ビジネスで悪名が轟いていた。ＩＯＣやＦＩＦＡ、ＩＡＡＦと密接な関係を構築し、五輪やサッカー・ワールドカップの放送権管理などで大きく成長した。その裏でＦＩＦＡのアヴェランジェ元会長ら幹部に多額の賄賂を送っていた。こうした不正行為が明るみになりＩＳＬは２００1年に破綻した。だが、その残党がスポーツ・ビジネス界に散らばり、同様の不正行為を繰り返している。その一角が東京五輪招致時のＩＡＡＦのディアク元会長の息子への贈賄事件だ。この息子はＩＳＬの残党が作った企業に関与していた。しかもこの事件はＩＳＬの担当だった電通の高橋治之元専務が黒幕だったといわれる。東京五輪組織委の元理事だった高橋氏は五輪閉幕後に五輪スポンサーへの受託収賄容疑で逮捕・起訴された。１９９０年代初頭、『The Lords of the Rings（五輪貴族たち）』（邦題『黒い輪』）というサマランチ元会長を中心にしたＩＯＣ内部の乱脈運営と腐敗ぶりを暴いた書籍が世界的に話題になった。それから約30年たった現在もＩＯＣの金満、汚職、傲慢の体質は何ら変わりない。

◆戦時中の「国家総動員体制」「情報統制」と映し鏡

かつての日本は、破滅の道を歩むと分かっていても突き進んでいった。これは第二次世界大戦中の「二正面作戦」と「国家総動員体制」、そして「情報統制」によったことは周知だ。当時の日本は脆弱な国力で日中戦争と太平洋戦争の両戦線を展開した。国民生活に犠牲を強いて、学徒動員までして戦力を補強した。国家とメディアが結託して国民を欺いた。この映し鏡が東京五輪である。東日本大震災の復興事業に専念する選択肢があったが、結局は東京五輪の開催という「二正面作戦」を展開してしまった。東京五輪開催は森喜朗大会組織委前会長の「オールジャパン体制で臨みたい」との号令のもと、学生の大会ボランティア動員を強いた。国民はＩＯＣのバッハ会長から犠牲を払えと強要された。まさに戦時中の「国家総動員体制」だ。しかも、朝日、読売、毎日、日経、産経、北海道の各新聞社は組織委のスポンサーとなった。これに加え、五輪取材記者を含めた大手のマスコミ各社は組織委の内部組織、「メディア委員会」に社員記者を送り込んだ。公権力とそれを監視すべき報道機関が利益を共にして、一体化した姿だ。これも戦時中の「情報統制」にほかならない。

大会後は「負のレガシー」になると分かっていても、「五輪」という錦の御旗を掲げて、競技場や関連施設、道路を次々に建設した。さらには、どさくさに紛れて五輪に無関係のものまであった。新国立競技場の建設費高騰問題では、その責任主体は文科省管轄下の特殊法人、日本スポーツ振興センター（ＪＳＣ）だった。新国立競技場建設にあわせて、この本部が入る日本青年館ホールの移転費用が税金で賄われたのはこの一例だ。ちなみにこの建設費問題で辞任に追い込まれたＪＳＣの河野一郎理事長はその後、組織委副会長に横滑りした。五輪会場整備の管轄は文部科学省になる。その族議員の首領が森喜朗元首相だ。招致決定後、大会組織委の会長に収まったのはこのためだ。ただ、文部科学省に大規模な公共工事を任せるのは難しい。公立学校の建設費は20億円程度。文科省はこの程度の予算の仕切りしかできない。新国立競技場の失敗の根っこはここにある。

◆招致委と組織委の形態そのものが無責任の温床

ここで血税の浪費甚だしい五輪ビジネスの構造について見てみよう。無責任体質は招致委員会と組織委員会という組織構造そのものにある。これらの特徴は、（1）情報開示と説明責任という面で組織の透明性が低い民間団体であること、（2）招致の主体である都市との関係が曖昧で、内部の責任の所在が不明確であること、（3）そして、その役目を終えると組織自体が消滅してしまうこと―の三点に要約される。五輪招致や五輪閉幕の後に問題が発覚したとしても、その責任を問われにくい、いや実際は問うことができない仕組みになっている。招致委は任意の民間団体という形態であるため、情報開示や文書保管がずさんである場合がほとんどだ。長野五輪の招致委はIOCへの過剰接待や9000万円の使途不明金を含む帳簿を解散後に焼却処分した。また、東京五輪の招致委であるNPO法人「東京2020オリンピック・パラリンピック招致委員会」は9億円にも上った「海外コンサルタント料」の帳簿を消失した。結局、これらの問題は迷宮入りした。

さらに五輪招致では招致活動資金の出所を使い分ける。東京五輪招致の場合、公的・表向きの資金は東京都から、過剰な接待や裏金は招致委という民間団体からという具合だ。目的に合わせて、財布を2つ作っておいた。そして、招致委は都庁の中の五輪担当部署と隣り合わせに設置されていた。共謀が疑われても仕方ない。例えば、開催地決定直前のIOC評価委員の東京視察では、表向きは都から7億円拠出された。だが、実際は招致委からも6億円出ており、合計13億円ものカネが、たった3日間の「おもてなし」に浪費されたのだ。

五輪招致が決まると、それまでの悪行はきれいさっぱり消し去られる。国民の意識が五輪開催決定に向き、組織委が華々しくデビューする。そして、あとはやり放題という状況が出来上がる。この陰に隠れて招致委は不正を記した会計帳簿と共に、いつの間にか蒸発する。そして、組織委は招致委にすべての責任を押しつける。ここで組織委の森前会長の著書『遺書　東京五輪への覚悟』のくだりを紹介したい。森氏は招致委のずさんな開催費用の試算を激しく批判した。

「私としてはぜひとも記録に書き残したいことがあります。いかに猪瀬元都知事がいい加減な立候補ファイルを作っていたか（中略）例を挙げれば、いやになるほどある」

「猪瀬元都知事と招致委員会が作った立候補ファイルの計画は、コンパクトだか何だか知らないが、まともに調査して作ったものとは思えないものがたくさんあります。現実と合わないのです」

「招致が決まってしまえばこっちのものだ、あとからどんどん変えていこう、という魂胆だったのでしょう。もちろん猪瀬元都知事一人でできるものではない。当時の都の職員たちが手を貸しているし、彼らを指導したのはＪＯＣの人たちでしょう」

招致委と組織委は別法人であり、両者間の継続性は無いとされる。ただ、実際は招致委から組織委へと横滑り人事がほとんどだ。しかも、森氏は招致委の幹部、評議会議長だった。ちなみに、この著書の中で醜い組織委とＪＯＣの派閥争い、いわば早慶戦の場外乱闘がところどころで描かれている。ＪＯＣに対して森氏は「慶應のお友だち」と揶揄する。ＪＯＣ幹部は竹田元会長をはじめ慶應義塾大学出身者が多く占めているためだ。一方の組織委はというと早稲田大学を中心とするラグビー派閥だ。森前会長とＪＳＣの大東和美前理事長は早稲田大、初代五輪担当の遠藤利明大臣は中央大、河野ＪＳＣ元理事長は東京医科歯科大と、それぞれ大学体育会のラグビー部出身だ。森前会長が東京五輪成功のために「オールジャパン体制」と銘打ったのは、ラグビーの「ワン・フォー・オール、オール・フォー・ワン」から来たそうだ。

スポーツやメディアの世界では、大学体育会閥があることはよく知られる。スポーツ界では各競技団体からＪＯＣ、そして国際競技連盟やＩＯＣへとつながっていく。体育会つながりは自他共栄のようにプラスの効果が多くある。だが一歩間違えると、排他的かつ自己中心的になりがちだ。メディアのスポーツ選手取材では体育会つながりを利用することが多々ある。また、出身体育会の不祥事に対してはジャーナリズムの倫理よりも、体育会の掟が優先されることもある。身内に不祥事が起きると直ちに箝口令が発令され、一切の口を閉じる。まるで、マフィアのオメルタ（沈黙の掟）のようだ。

◆一業種複数企業のスポンサー契約は税金の二重取りと同じ

東京五輪で一業種複数企業というスポンサー契約にしたのは開催地にとって好都合だった。これで国民に五輪の犠牲を二度押しつけられる。スポンサー料は広く浅く徴収する消費税に似ている。組織委のスポンサーには東京ガス、ＮＴＴ、ＪＲ東日本、東京メトロに加え、朝日新聞社、読売新聞東京本社、毎日新聞社、日本経済新聞社、産経新聞社など社会的なインフラ企業が名を連ねた。当然のことながら高額なスポンサー料はこれらスポンサー企業の販売価格に転嫁される。業界トップの社会インフラ企業ならばマーケットシェアが高く、プライスリーダーシップもあるため、価格転嫁が比較的容易だ。つまり、これは消費税と同様に日本国民に五輪のつけを広く浅く負担させる仕組みなのである。２０２２年末、ウクライナ戦争の影響で物価が高騰したが、この中に五輪の費用負担が含まれている可能性は否定できない。ＩＯＣにとって五輪開催地はどこでも構わない。稼げるだけ稼げれば良い。その証拠に「ぼったくり男爵」ことバッハ会長が東京五輪開幕直前、組織委の橋本聖子会長と面会した際に「最も大事なのはチャイニーズピープル」と言い間違えた。バッハ氏は次の資金源、２０２２年北京冬季五輪のことで頭がいっぱいだったのだろう。

◆ボロボロ出てくる「負のレガシー」

閉幕後は東京五輪の「負のレガシー」の実態が露呈してくるのだろう。その最有力候補が海の森水上競技場だ。カヌーとボートのこの会場は約308億円もかけて作られた。だが、国内ではこれらはマイナー競技で競技人口も少ない。東京湾岸の僻地にあり、波が立ちやすく競技や練習に向かない。しかも、塩害で早期劣化が懸念される。大会後はすでに年間約1億6000万円の赤字が予想されている。

東京五輪ではボランティアを巡っても不可解なことがあった。組織委は無報酬で善意のボランティアを8万人もかき集めた一方で、ボランティアと同様の仕事を人材派遣会社のパソナグループに業務委託していたことが、衆議院文部科学委員会で明らかになった。パソナGは人材派遣業種での組織委のスポンサー企業で、選手村や競技会場の運営の業務委託に携わった。この内容はというと、パソナGが日給約1万3000円でアルバイトを募集し、約10倍の値段を付けて組織委に派遣していたのだ。こんなにあこぎな中抜きはあるまい。こうした限りなく不透明な契約がなされるのは、情報開示とその説明責任といった透明性を欠き、しかも五輪閉幕後に解散して跡形も残らない組織委という法人形態であるためだ。スポンサー契約の経緯と内容は守秘義務があると主張して、組織委は情報開示を拒む。しかも、朝日新聞社や読売新聞東京本社など大手メディアも組織委とスポンサー契約を結んでいたため、この問題には及び腰だった。さらにはパソナGの会長は菅義偉首相のブレーンの一人、竹中平蔵元総務相だった。2022年6月、五輪開催の是非が議論されていた中、竹中氏は自身の動画サイトで、スペイン風邪のパンデミック下で開催された1920年アントワープ五輪を引き合いに、開催断行をこう強調した。

「その時の大会運営は大変だったとか、色々な記録が残っていますけども、パンデミックだからやめたということではなかったわけです。このスペイン風邪というパンデミックは、はっきり言って今の新型コロナウイルスの影響とは比べものにならないほど大きなものでした」

実はこの大会、参加国はたったの29カ国、参加選手は日本からの15人を含む2622人だけだった。しかも、開催期間は4月から9月までと長期間に及んだ。東京五輪は153カ国・地域から約1万1000人が参加した。開催期間は約2週間とごく短期だ。条件がまったく異なる五輪大会を比較したのはいかにも非合理であった。竹中氏にはこう切り返したい。「はっきり言って当時の五輪大会は比べものにならないほど小さなものでした」と。

東京五輪閉幕時点では国民の誰一人として、五輪というモンキー・ビジネスに気づかない。五輪の乱脈運営の付けはしばらくたって、増税というかたちで国民に重くのしかかってくる。ここで騒ぎになっても後の祭り。組織委の事務所はもぬけの殻、責任を持つべき組織委が忽然と蒸発していたことにやっと気づく。国民には使い物にならない競技場と巨額の借金という「負のレガシー」を押しつけられるだけで、その怒りの矛先の向けようはない。

※『IOCも組織委もトンズラし、負の遺産が納税者にのしかかる~利権まみれの「公共事業」(下)潤う五輪貴族と一部スポンサー、使途を検証できない無責任組織(朝日新聞「論座」、2021年7月19日)』を加筆修正。

五　世界的なメディア・イベント「五輪」の政治問題化は不可避

　2022年2月、開幕に迫った北京冬季五輪が政治問題化した。米国は新疆ウイグル自治区での少数民族ウイグル族らへの弾圧など人権問題に抗議するため、北京冬季五輪に「外交ボイコット」を表明した。代表選手の出場は認めるものの、閣僚級の政府当局者を派遣するのを取りやめるのがその内容だ。これには英国や豪州、カナダが追従した。これについて、岸田文雄首相は「わが国の対応は、オリンピックの意義、さらには、わが国の外交にとっての意義などを総合的に勘案し、国益の観点からみずから判断していきたい。これがわが国の基本的な姿勢だ」と、当初は曖昧な態度を取っていたが結局、米国に同調した。中国はこの動きに対して、「強烈な不満を表明し、断固とした反対を表明する。対抗措置をとる」と反発した。五輪は平和の祭典といわれ、政治化を禁ずる議論は長年なされてきた。だが、その解決の気配すらない。「外交ボイコット」という用語自体が、五輪の政治化を表している。IOCがこの問題を放棄したというより、世界的なメディア・イベントという性質を持つ五輪の宿命ともいえよう。ここでは五輪と政治の関係について、過去の五輪大会を振り返りながら述べていきたい。

◆政治に、戦争に翻弄され続けてきた五輪

　五輪の大会開催や参加の是非をめぐって、これまで幾度となく、様々な形態で政治問題化してきた。そのうちIOCにとっての不可抗力もある。それが戦争による大会中止であった。近代五輪で初めて中止された

のは1916年ベルリン五輪だった。第一次世界大戦で欧州が戦火に包まれた。その後も日中戦争の影響で、東京は1940年夏季五輪を返上した。いったんはヘルシンキに変更になったが、これも第二次世界大戦に巻き込まれて中止となった。当時は夏季五輪と冬季五輪は同じ年に開催されていた。1940年冬季五輪開催が決定していた札幌が返上した後、紆余屈曲を経てドイツのガルミッシュ・パルテンキルヘンに再変更されたが、結局は第二次世界大戦で中止となった。第二次世界大戦の影響は1944年に予定されたロンドン夏季五輪とイタリアのコルティーナ・ダンペッツオ冬季五輪も中止に追い込んだのである。

こうした過去の苦々しい経験を五輪は回避できるのだろうか。この対応策として国連による「スポーツとオリンピックの理想を通じた平和でより良い世界の構築」、通称五輪停戦決議がある。1994年のリレハンメル冬季五輪以降、国連は五輪開催のたびにこの決議を採択してきた。ただし、この決議の主体は国連であり、IOCではない。直近では、2021年東京夏季五輪にも国連に加盟する193カ国中186カ国が共同提案して、この決議が採択された。また2022年2月の北京冬季五輪でも同様に173カ国が共同提案して採択された。ただし、中国のウイグル族の人権問題を重視した日本や米国、豪州とインドなどはこれに加わらなかった。これが北京冬季五輪の外交ボイコット問題につながった。五輪停戦決議は平和の祭典としての五輪の存在意義に直接関係する。

五輪の政治利用の代表例として、代表選手派遣のボイコットがある。旧ソ連のアフガニスタン侵攻に抗議して、米国が1980年モスクワ五輪のボイコットを決定した。これには日本を含む西側諸国約50カ国がこれに同調した。当時、この問題に深く関わった日本体育協会（日体協）の国際担当幹部、伊藤公氏によれば、米国のジミー・カーター大統領が大平正芳首相に直接電話して不参加を促した。ただし、選手団派遣のボイコットは国の政府ではなく、その国・地域のオリンピック委員会（ＮＯＣ）が決定する。当時はＪＯＣの前身、日体協がその責任主体であった。カーター氏が日本政府を通じて日体協に政治的圧力をかけたのである。結局、日体協は政府の圧力に屈して、ボイコットに追い込まれた。一方、英国では政府の意向に反してイギリス・オリンピック委員会（ＢＯＡ）は代表選手団の大会参加に踏み切った。これは英国市民革命で誕生した公共（パブリック）についての考え方が如実に表れた結果といえよう。ＢＯＡは政府から独立した公共団体であり、独自の判断をするのが当然であり、政府もそれを尊重するという文化がある。ただし、ＢＯＡ選手団は開会式の行進に参加せず、自国の国旗・国歌も使用を控えた。ちなみに、西側諸国がボイコットしたモスクワ五輪の閉会式で大会マスコットであったこぐまのミーシャが涙を浮かべて登場したのが印象的だった。この問題は後を引きずった。モスクワ五輪に対する報復として、ソ連や東ドイツ、キューバなど東側十数カ国が１９８４年ロサンゼルス五輪をボイコットした。この問題の内幕について筆者が関わった伊藤氏の証言集をもとにまとめたのが共著者の松瀬さんによる『五輪ボイコット―幻のモスクワ、28年目の証言』（新潮社）である。

ほかにも五輪を舞台にした政治対立はあり続けてきた。１９６８年メキシコシティ五輪ではアフリカ系の米国選手が表彰台で拳を突き上げ黒人差別に抗議したところ、ＩＯＣは失格にしてメダルを剥奪した。１９７２年ミュンヘン五輪では選手村でパレスチナのテロ組織がイスラエル選手団11人を殺害した事件が起こった。２００８年北京夏季五輪ではチベットでの人権弾圧問題で欧州議会はＥＵ首脳に五輪開会式への出席を見送るよう呼びかけた。２０１４年ソチ冬季五輪では開催国ロシアの人権政策に抗議して、米国やドイツ、フランスの首脳が開会式に出席しなかった。このように、五輪には政治的な対立構造が常について回った。これは全世界が注目する世界的なメディア・イベントとしての五輪が持つ宿命といえよう。

◆スポーツの力を否定したバッハ会長

２０２０年版オリンピック憲章には、五輪の目的として、「人間の尊厳の保持に重きを置く平和な社会の推進を目指すために、人類の調和のとれた発展にスポーツを役立てることである」とある。各国・地域からの選手らが大会期間中、選手村で生活を共にすることで選手同士の友情が生まれ、これが世界平和につながると考えられている。ただ、世界平和の実現という崇高な目標に対して、ＩＯＣ内部には諦観が漂う。北京冬季五輪の外交ボイコット問題について、バッハ会長がドイツの通信社ＤＰＡの取材に対して「五輪が国や政治体制、法律を根本的に変えることができると期待することは、全く誇張された期待である。五輪は何世代にもわたって政治家が解決してこなかった問題を解決することはできない。オリンピック憲章と開催都市契約に従って五輪を運営し、選手団とＩＯＣ難民チームをひとつの屋根の下に集めるのがわれわれの責任だ」と答えた。国際的なスポーツ界の頂点に立つＩＯＣ会長が「スポーツの力」を否定したに等しい。こうなると、五輪の存在意義そのものの問題になってくる。

※『「平和の祭典」の大義を果たそうとしないIOC〜北京冬季五輪の外交ボイコット問題（上）人権問題よりスポンサーにご執心のバッハ会長（朝日新聞「論座」、2021年12月13日）』を加筆修正

六　開会式の各国首脳招待が五輪の政治化の原因

◆聖火リレーはナチスの五輪政治利用の産物

五輪の一つの側面はグローバル規模のメディア・イベントという点だ。世界中からメディアが集まり、そこで繰り広げられる様子を瞬く間に伝える機能を内蔵している。つまり、為政者が自らの意思を世界中に確実に伝えることの出来るイベントが五輪だ。ゆえに、五輪は政治化する宿命にある。これを巧みに利用したのが、アドルフ・ヒトラーのナチス・ドイツ政権だった。ＩＯＣが１９３１年に、１９３６年夏季五輪の開催地をベルリンに決定した。これは第一次世界大戦の敗戦国ドイツが国際社会へ復帰する一端となった。１９３３年にナチスが政権を取ると、ベルリン五輪の政治利用を積極的に画策した。人種差別主義や軍国主義を覆い隠し、世界平和の象徴としての五輪と国家としてのドイツを重ね合わせるプロパガンダを拡散したのである。

その一つが、ナチスが考案した聖火リレーである。ヒトラーはヨーロッパ文明の始祖ギリシャの正統性を引き継ぐのがゲルマン民族だと信じていた。そこで、ドイツの優越性と協調性を連想させるために聖火リレーの出発点を古代オリンピックの発祥地であるギリシャのオリンピアに定めた。聖地で灯された松明がブルガリア、ユーゴスラビア（当時）、ハンガリー、オーストリア、チェコスロバキア（当時）を経て、最後はベルリンの五輪スタジアムで開かれる聖火の点火式で劇的なクライマックスを迎える。これが五輪開幕の合図となった。これはゲルマン民族の優位性を強調し、ナショナリズムの発揚に一役を買った。聖火リレー自体が政治ショーであったのである。ただ、ベルリン五輪閉幕後、ナチスの化けの皮が剥がれた。ドイツは五輪の裏で着々と進めていた領土拡大策を強行すると共にユダヤ人迫害を徹底し、人類の危機となった第二次世界大戦とホロコーストを起こした。五輪を隠れ蓑にして、ヒトラーはその政治的な意図を確実にしたのである。この構図は2014年のソチ冬季五輪にも引き継がれた。ロシアはソチ五輪閉幕に合わせてウクライナ領のクリミア半島を併合した。そして、この延長線上にあるのが、ウクライナ戦争である。

◆五輪の政治化を黙認するIOC

IOCは五輪が政治化することを意識的に黙認し、自らの利益に結びつけてきた側面もあった。ここでは2008年北京夏季五輪と2018年平昌冬季五輪の二つの事例を紹介しつつ、その構造的な問題について議論したい。2008年北京夏季五輪ではチベットの人権問題が大きくクローズアップされた。筆者はその開幕前に長野市内で行われた聖火リレーを取材した。聖火リレー会場では、チベットの支援者らのデモの前に大勢の中国人留学生がはだかり、巨大な中国の国旗を振り回してそれを阻止しようとしていた。この留学生団体は中国政府に支援されたものだとの証言もある。1998年冬季五輪の開催地で勃発したこの異常な小競り合いが、図らずも中国の支配層と抑圧された少数民族の分断構造を映し出してしまった。

北京五輪大会期間中、北京市内の公園でデモをしようとしたチベット族とその支持団体はあっという間に警察官に連行された。その様子を撮影取材していた筆者は不意に現れた複数の私服警察官に取り囲まれてしまった。また松瀬さんと自転車で五輪マラソンコースを走りながら市民生活の様子を取材した。その途中、所々にあった貧困層地域一帯は即席の壁に囲われて、生々しい分断の実態が露呈していた。こうした目に見えるあからさまな分断からは五輪開催の理念を感じるのは難しい。東京五輪では組織委のスポンサーになった当時の国内メディアでさえも以下のように同様の論評を掲げた。

「『人間の尊厳保持に重きをおく、平和な社会を推進する』との理想をうたうオリンピック憲章に照らしてみるとき、北京五輪に『合格』の評価を与えるには、いくつかの留保をつけざるをえない。まず、五輪開催国が最優先すべきである報道・言論の自由と人権が完全に保障されていたかどうか。これは疑わしい」（産経新聞）

「熱戦が繰り広げられている最中にも、ウイグル族やチベット族などの少数民族への弾圧は止まず、人権や言論の自由に対する抑圧は続いた。伝えられた数々の『偽装』の中でも、開会式での民族融和の演出は異質だった」（読売新聞）

「人権問題、報道の自由、民主化などの面では異質さが目立った」（日本経済新聞）

「国家の威信をかけたナショナリズム五輪だった。過剰な警備がまかりとおり、観衆の『中国・加油（がんばれ）』というあまりにも偏った叫びは、排外的な過激ささえ感じさせた」（毎日新聞）

とにかく、中国政府の五輪開催目的は対外的には国威発揚、国内的にはナショナリズムの徹底だった。強権国家では人権問題や報道の自由などいとも簡単に握りつぶされてしまう。こうした事態をＩＯＣが積極的に是正しようと行動に移したことはない。いや、これを助長するのがＩＯＣだ。それを象徴したのが２０１８年平昌冬季五輪であった。

◆南北融和を演出、五輪を徹底的に政治利用した文在寅

五輪の理念を放り投げ、ひたすら政治利用されたのが２０１８年の韓国・平昌冬季五輪だった。組織委などの五輪関係者を差し置いて前面に出てきたのが文在寅大統領（当時）だった。五輪開幕前、北朝鮮はミサイル発射と核実験を繰り返し、国際的に批判を浴びていた。こうした中、南北和平の道筋を平昌五輪に求めた韓国政府は組織委と共に北朝鮮の大会参加を成功させた。そして文大統領は開会式をあからさまな自らの政治的アピールの場に変貌させた。貴賓席では開会式の観覧をそっちのけで各国首脳と外交取引に終始した。そのフィナーレとして、北朝鮮実質ナンバー２の金与正と大観衆の前で握手を交わし、南北融和を演出した。こうした光景にＩＯＣのバッハ会長も「新たな地平線を示す大会になった」とひどくご満悦だった。

また、開会式では南北の選手団が朝鮮「統一旗」を掲げて行進したことも政治問題化した。その統一旗には竹島（韓国名、独島）が明確に描かれていたのだ。これには日本政府はおろかＩＯＣの感情も逆なでした。ＩＯＣは事前に韓国政府と五輪大会では竹島（独島）は存在しないという認識で合意していた。つまり、竹島が描かれた統一旗を使えば、オリンピック憲章で禁じられる「政治的目的」になる。だが、文在寅政権はこれさえも反故にしたのだ。さらに、行政が関与できないとして競技場で観客がこの統一旗で応援することも容認した。しかも、これは競技場内だけにとどまらなかった。

選手村の前には「オリンピック・ハウス」と呼ばれる各国の接待施設が軒を連ねる繁華街があり、その一帯が世界中から集まった五輪やメディアの関係者が親交を深める地域となっていた。その一角に竹島が描かれた朝鮮半島の地図に「Korea is East Sea, DokuDo and one」と大書きされたポスターが貼られていた。この文章そのものは支離滅裂だが、政治的なメッセージだとひと目見れば分かる。この周辺では連日、「市民団体」が現れては独善的な正義をかざしてデモを繰り広げていた。配備された警察官はそれを見て見ぬふりをするだけで、せっかくの五輪期間中の草の根外交の空間が反日運動の舞台と化していた。江陵の競技会場近くの反日独立運動をたたえる「３・１運動万歳記念公園」には平昌五輪開催が決まった後に立てられた慰安婦像があった。大会期間中、ここでも自警団を名乗る「市民団体」がこの像を見守っていた。このように、文在寅政権と括弧付きの市民団体が一団となって平昌五輪そのものを「従北反日」の政治イベントに変貌させてしまったのである。ある平昌組織委関係者は「五輪が政治利用されているのは確か。これを口にしたら『親日』のレッテルを貼られ、韓国国内で生活できなくなる。こう考えて我慢している韓国の国民も多いことを知ってもらいたい」とこぼした。

◆自立かつ自律できぬＩＯＣ

２０２２年北京冬季五輪の開幕に先立ってＩＯＣのバッハ会長が主宰して主要なＩＦやＮＯＣの首脳を集めて開かれた五輪サミットでは、外交ボイコット問題に対して「五輪とスポーツの政治化に断固として反対する」との共同宣言をまとめた。だが、宣言では五輪の政治化は解決できない。この解決策の一つは開会式への各国政府首脳の招待を取りやめることだ。選手第一主義を掲げるスポーツ・イベントである五輪の開会式に政治家を招く必要がどこにあるのだろう。世界最大級のメディア・イベントでもある五輪開会式は格好の政治アピールの場に化すことは周知だ。しかも、選手も観客も開会式が政治舞台となることにほとんど興味もない。各国首脳を開会式に招待するのはＩＯＣと五輪の権威付けである。それはＩＯＣという組織が自立かつ自律できぬ姿を映し出しているにほかならない。

※『五輪を外交の場とするのは本末転倒だ～北京冬季五輪の外交ボイコット問題（下）そもそも開会式の各

国首脳招待をやめよ（朝日新聞「論座」、2021年12月15日）』を加筆修正。

七　IOCの恣意的な政治化が五輪を滅亡に追い込む

◆NBCの五輪放映で過去最少の視聴者数

91カ国・地域からの2877選手が参加した北京冬季五輪が2022年2月20日、閉幕した。北京市内の国家体育場、通称「鳥の巣」で習近平国家主席やIOCのバッハ会長が出席して行われた閉会式は、「ONE WORLD」や「天下一家」といった世界的な連帯を意味するスローガンで染められた。閉会の式辞でバッハ会長は「皆さんは分断を克服しました。オリンピックの仲間はみな平等であることを示しました。オリンピックの結束する力は、分断する力よりも強いのです」と力説した。北京冬季五輪ではドーピングや不可解な審判などの競技上のアンフェアに加え、人権侵害による外交ボイコット、そしてロシアによる五輪停戦決議破りが巻き起こった。この危機的な状況のどこが分断の克服や平等なのだろうか。筆者はバッハ会長の発言に五輪そのものへの虚脱感を抱いた。

しかもだ。冬季五輪のテレビ中継人気に赤信号が点滅した。五輪に世界最高額の放送権料を支払う米国テレビ局、NBCの北京冬季五輪の1日あたりの平均視聴者数が、前回の2018年平昌冬季五輪から900万人も減少して1140万人と過去最悪だった。同時期にNBCが放送したアメリカン・フットボールの頂点を決める「スーパーボウル」一試合で1億1200万人の視聴者をたたき出した。こうなるとIOCの一大スポンサー、NBCも放送権料について再検討せざるを得ないだろう。IOCのバッハ会長はなぜ、五輪の理念をねじ曲げてまでして、五輪開催国の中国や五輪強豪国のロシアに媚びへつらうのであろうか。これについて論じたい。

◆バッハ会長の三文芝居は中国皇帝への三跪九叩頭の礼

新疆ウイグル自治区での人権弾圧問題で、欧米諸国の首脳らが２０２２年北京冬季五輪開会式の外交ボイコットをした。こうした中、この開会式ではウイグル族と漢民族の選手らが揃って聖火を点灯し、中国国内の民族融和を演出した。その後の記者会見では、この演出を容認したＩＯＣの政治的な中立性を疑問視する質問が飛び交った。ＩＯＣの広報部長は、「どんな事情があろうが差別はしない。選手は開会式に参加できる権利がある。素晴らしい演出だった」と意に介さなかったのである。また、中国共産党の元高官による性的暴行を告発後に消息不明になった女子テニスの彭帥選手の問題も北京五輪前ではクローズアップされた。これに関して、開幕直前になりバッハ会長自身がオンラインで彭帥選手と和やかに対談する映像を各国のメディアに公開したうえ、大会期間中にはフリースタイルスキー決勝を二人揃って観戦したことをアピールした。バッハ氏の視線はどこを向いていたのだろうか。彭帥選手でもなく、五輪ファンでもなかろう。海外メディアのＩＯＣ担当記者の間では、バッハ会長主演のこの三文芝居は中国・習近平皇帝への三跪九叩頭の礼だと失笑を買った。

◆ロシアへ秋波を送るバッハ会長

ロシア抜きには冬季五輪は成り立たない。人気競技の一つがフィギュアスケートだ。なんとしてでもロシア代表選手を勢揃いさせる必要がある。こんなことが北京冬季五輪前に、IOCのバッハ会長の脳裏をよぎったのだろう。北京五輪前半、フィギュアスケート団体戦では、女子シングルフリーで15歳の超新星、カミラ・ワリエワ選手がトップに躍り出て、金メダルは「ROC」に決まった。銀メダルは米国、銅メダルは日本という結果だった。度重なる国家ぐるみのドーピング問題で、ロシアは2022年12月まで国際大会の出場停止処分中であった。このため、2018年の平昌大会以降、ロシア代表選手はロシア五輪委員会の頭文字をとった「ROC」という名称で出場していた。

ROCがこの金メダルを獲得したその翌日、ワリエワ選手のドーピング違反が発覚した。前年のロシア選手権でのドーピング検査で違反薬物が検出され、ロシア反ドーピング機関（RUSADA）が暫定資格停止処分を科したのだ。ここから一選手のドーピング問題がIOCへの複雑怪奇な疑惑へと発展した。ワリエワ選手側はこの処分に異議を申し立て、RUSADAは即座に解除した。これをIOCと世界反ドーピング機関（WADA）などが不服としてスポーツ仲裁裁判所（CAS）に提訴した。CASはワリエワ選手が「保護対象者」であり、大会出場停止となれば「回復不可能な損害を与える」として出場継続を認めた。これに反発したIOCはワリエワ選手が3位以内に入賞した場合はメダル授与式や表彰式を行わないと発表した。

事態が泥沼化する中、ワリエワ選手への誹謗中傷などの人権侵害が溢れた。こうした中、IOCの煮え切らない態度やロシアに対する弱腰の姿勢に批判が集まった。公正なルールを守らなければ、スポーツ競技は成り立たない。そもそも、出場停止期間中であり、ドーピング違反が十分予想されるロシア代表選手団を「ROC」など名乗らせて出場させることが問題であった。IOC自体のフェアプレイ精神が問われて然るべきである。結局、フィギュアスケート団体戦の表彰式は大会期間中に行われず、メダルを獲得した米国や日本の選手らを失望させる結果に陥った。

◆ＮＨＬ選手はスポンサーの批判を恐れ不参加

日本を含めウィンター・スポーツが盛んな国々ではフィギュア・スケートは冬季五輪の最たる人気競技だ。裏返せば、この競技が人気でなかったら、ワリエワ選手のような問題は起こらなかったろう。欧米ではこの競技とトップを争う花形種目がある。それが「氷上の格闘技」といわれる男子アイスホッケー。１９９８年長野五輪ではアイスホッケー界のレジェンド、ウェイン・グレツキー選手が出場し、チェコが宿敵ロシアを撃破した決勝戦は伝説の試合として語り継がれている。北米と欧州でのアイスホッケー人気は絶大で、これら地域のテレビ局はこの種目だけのために、巨額の放送権料をＩＯＣに支払っている。こう言っても過言ではなかろう。この男子アイスホッケーの主役が北米プロアイスホッケーリーグ（ＮＨＬ）の花形選手らだ。２０２６年のミラノ・コルティナダンペッツォ冬季五輪と共に、北京冬季五輪にもＮＨＬ選手が出場する予定だった。

だが、ＮＨＬ選手が大会直前になり北京五輪への不参加を決めた。その表向きの理由は選手が五輪期間中に新型コロナに感染した場合、１ヶ月以上の隔離が懸念されていたからだ。一方で、人権侵害が批判される中国で開かれる五輪に出場すること自体が、ＮＨＬ選手にとってリスクになる。選手のファンのみならずチームや個人に付いているスポンサーからの批判を懸念した。これはＮＨＬ選手の生涯収益構造に関係する。

ＮＨＬの選手は毎年10月から翌年４月までの約半年間で公式戦82試合をこなす。選手の平均年棒は約

2億6000万円で、1試合当たり300万円を超える報酬を得る。ただし、選手の平均寿命は約3年と極端に短く、激しいコンタクト競技なので怪我による欠場も多い。そして、この間にスポンサー契約料や広告出演料を含めて生涯収入の大半を得ることが多い。長期間の欠場は人生設計を狂わせてしまう。このため、2018年平昌五輪にNHL選手は不参加だった。つまり、五輪人気を盛り上げるため、有力選手を多く抱える、世界有数の強豪チーム「ROC」をバッハ会長はどうしても出場させる必要があった。

◆中国とロシア抜きで冬季五輪の成功は難しい

中国政府によるウイグル族への弾圧問題にほおかむりをし、中国元高官による女子テニスの彭帥選手へのセクハラ問題を擁護するなど、国際社会からIOCのバッハ会長への風当たりはかなり強かった。また、五輪停戦決議期間中にも関わらずウクライナへの軍事侵攻を進め、ドーピング違反には我関せずの態度を取り続けるロシアに対しても、バッハ会長は他人事を装った。なぜIOCのバッハ会長が中国やロシアといった強権国家に対して沈黙し、迎合し、屈服するのであろうか。中国の習近平国家主席やロシアのプーチン大統領という独裁的な権力者への忖度や恐怖からなのだろうか。もちろん、これらもあるだろう。ただ、バッハ会長の政治指向やイデオロギーで考えても埒が明かない。バッハ会長の思考はカネで考えると非常にわかりやすい。特に冬季五輪の場合に当てはまる。

夏季五輪と比べ、冬季五輪で争われる競技・種目や出場選手は極端に少ない。例えば、2021年東京夏季五輪は33競技339種目で出場選手は約1万1500人だった。これに対して、2022年北京冬季五輪は15競技109種目で2877人だった。つまり、北京五輪の種目数と出場選手数は東京五輪の約四分の一でしかなかったのだ。大会予算規模にしてもＩＯＣに提出した当初予算では、東京夏季五輪が約７３４０億円に対して、北京冬季五輪はその二分の一以下の約３４５０億円であった。ただし、インフラ整備など間接経費を含めると両大会共に４―５倍程度に膨れ上がったとみられる。スキー・スノーボードやスケートなど冬のスポーツが盛んな国・地域は欧州と北米、そして日本に限定される。南米やアジア・アフリカ地域からの冬季五輪の強豪国は皆無といっていい。それに正比例して、これらの国・地域の冬季五輪ファンも限定的だ。これがスポンサーにとっての五輪の広告価値を減じ、それがＩＯＣの収入を左右してしまう。この点が、バッハ会長の最も懸念するところだったのだろう。

世界最高の技術力と演技力を誇るロシア選手団を欠いたフィギュア・スケート競技など精彩を欠くし、ＮＨＬ選手抜きのアイスホッケー試合など盛り上がらない。これらが長期的には五輪の人気とＩＯＣの収益構造の悪化につながる。こうなるとバッハ会長にとって、世界的に有力な選手を抱えるロシアを無碍にすることはできない。ロシアによるドーピング違反や五輪停戦決議の軽視に目を瞑る以外なかった。バッハ会長の目にはロシアは重要な収益源に映ったに違いない。

◆中国はウィンター・スポーツの巨大市場

一方、中国はというと、ＩＯＣにとってまさに「カネづる」だ。欧米先進国での五輪人気が陰る中、新たな五輪ファンのマーケットを拡げるのがバッハ会長の大きな役目。その一つが人口14億人の巨大市場を持つ中国というわけだ。中国国内のバスケット・ボール人気はすさまじい。全米プロバスケットリーグ（ＮＢＡ）の試合中継は高視聴率をマークし、日本のバスケット漫画『SLAM DUNK（スラムダンク）』は中国の子供たちのバイブルのようだ。経済成長著しい中国では、若者の興味関心も欧米諸国の流行やファッションに向かい、人気スポーツも卓球ではなく欧米のプロ・スポーツに移り変わった。そこで昨今、中国の若者に人気を集めるのがスキー・スノーボードといったウィンター・スポーツだ。コロナ禍前には1998年長野五輪の会場となった八方尾根スキー場にはオーストラリアからよりも、中国からのスキーヤーやスノーボーダーが溢れたほどだ。中国のウインター・スポーツ人気はさらに加速するだろう。

北京五輪にはグローバル規模のスポンサー、電子商取引大手のアリババ・グループを筆頭に、中国国内では最高ランクのスポンサーに中国銀行、中国国際航空、中国石油など政府系の基幹企業が名を連ねた。ロシア選手が大活躍し、中国で冬季五輪が人気になれば、近い将来、五輪スポンサーは増え、IOCとバッハ会長の懐はさらに潤うのだろう。フェアプレイの精神や世界平和の理念をねじ曲げてまで、バッハ会長が「カネづる国家」中国・ロシアに屈服したのはこんな皮算用があったからである。五輪開会式が強権国家の指導者のプロパガンダの道具にされても、バッハ会長がそれを賞賛したのもうなずける。こんな光景が透けて見え、五輪に失望し、虚脱感を抱いた五輪ファンは少なくはない。こうした点からも五輪は存続の危機にある。

※『中国とロシアに屈したIOCの姿をあらわにした北京冬季五輪　人権、ドーピング問題に背を向け皮算用に走るバッハ会長（朝日新聞「論座」、2022年2月25日）』を加筆修正。

第3章

オリンピック考察選集／松瀬学編

オリンピックの肥大化に関する社会学的研究
―1980年代の放送権料の高騰に着目して―

1．肥大化する商業五輪。高騰する放送権料

オリンピックの肥大化はどこまで続くのか。新型コロナウイルスで1年延期された東京2020オリンピック大会（以下、「東京五輪」と略す）は世界の205カ国・地域から1万1420人の選手が参加して史上最多の33競技339種目が行われた。東京2020パラリンピック大会には161カ国・地域から4403選手が参加して22競技539種目が争われた(1)。新型コロナウイルスの影響によってほとんどの会場が無観客となりながらも、東京オリンピック・パラリンピック大会組織委員会（以下、「東京五輪パラ組織委」と略す）は2021年12月、最終的な大会開催経費は1兆4530億円（最終経費は1兆4238億円）となる見通しだと発表した(2)。これは2013年の立候補の際に提出した立候補ファイルに記載された想定予算7340億円を大きく上回るものである。大会開催経費の膨らみはオリンピックの肥大化を印象付ける。

オリンピックの肥大化を印象付けるのは大会開催経費にとどまらない。大会価値の指標ともなる放送権料からも見て取ることができる。1948年のロンドン五輪でBBC（英国放送協会）が放送機材の客席占有料などの名目で3000ドルを支払ったが、その後に拡大、複雑、高騰の一途をたどり、国際オリンピック委員会（以下、「IOC」と略す）が出している年次報告書によると、2016年のリオデジャネイロ五輪で

は世界全体の放送権料収入が28億7000万ドル（約3158億円）に膨れ上がった。2014年のソチ冬季五輪の放送権料収入は12億9000万ドル（約1420億円）で、2013―16年の4年間のIOC総収入57億ドル（約6270億円）のうち、夏冬合わせた五輪の放送権料収入41億6000万ドル（約4576億円）は実に73％を占める(3)。世界の放送権料の半分程を払い続けてきた米国ではNBCが平昌冬季五輪と東京五輪の2大会として23億8000万ドル（約2620億円）でIOCと契約を結んだ。

日本では、1960年のローマ五輪で放送権を得た日本放送協会（以下、「NHK」と略す）が5万ドルを支払い、現在ではNHKと日本民間放送連盟によるジャパンコンソーシアム（Japan consortium＝以下、「JC」と略す）が作られて、放送権を得ている。JCは2018年の平昌冬季五輪と2021年の東京五輪の2大会で660億円の放送権料を払っている。五輪の放送権ビジネスに詳しい元NHKの杉山（2018）によれば、慣例比率からみて、JC負担の放送権料は「平昌冬季五輪が118億8000万円（18％）、東京五輪分は541億2000万円（82％）」と推定している(4)。

表1　夏季五輪の放送権料の推移

	日本	米国	世界
1960 ローマ	18	0.6	1.2
1964 東京	180	1	1.6
1968 メキシコシティ	220	8.5	9.8
1972 ミュンヘン	380	13.5	17.8
1976 モントリオール	390	25	34.9
1980 モスクワ	1870	85	88
1984 ロサンゼルス	4630	225	287
1988 ソウル	7750	300	403
1992 バルセロナ	8800	401	636
1996 アトランタ	10450	456	898
2000 シドニー	14270	715	1332
2004 アテネ	17050	793	1494
2008 北京	19800	894	1739
2012 ロンドン	26650	1180	2569
2016 リオ	29520	1360	2868
2020 東京	54120	1618	

（単位は日本が百万円、米国、世界は百万ドル）

放送権料の推移をみると、１９７６年のモントリオール五輪のＩＯＣの放送権料収入が３４９０万ドルだったが、１９８０年のモスクワ五輪は８８００万ドル（モントリオール五輪の２・５倍）、84年のロサンゼルス五輪は２億８６９０万ドル（モスクワ五輪の３・３倍）、88年のソウル五輪では４億ドル（ロス五輪の１・４倍）と高騰を続けている。ソウル五輪の放送権料は、モントリオール五輪の12倍強に伸びた。１９８０年代は放送権料の高騰が特に続いたのだ。（図１、図２）

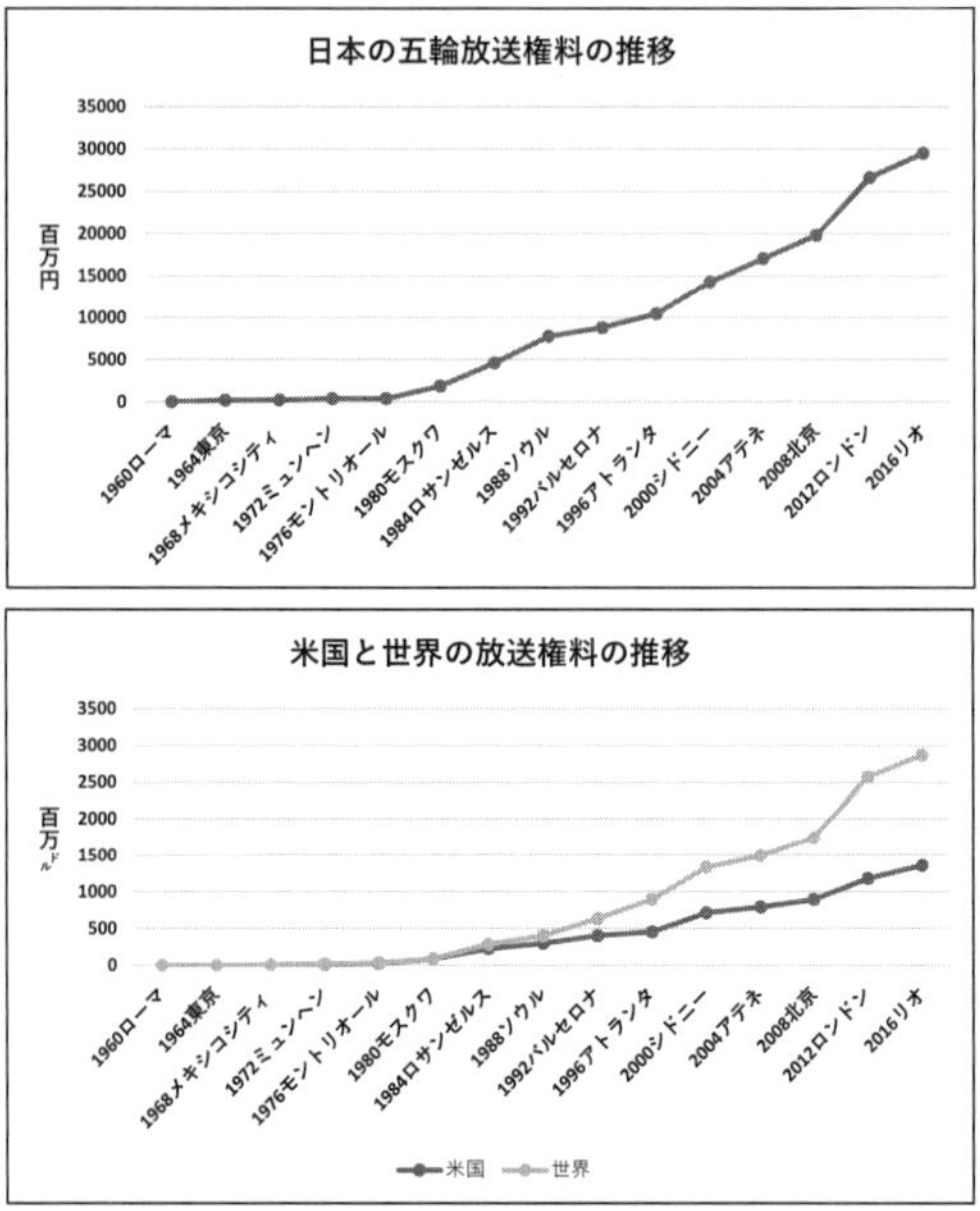

図１　日米と世界の放送権料の推移

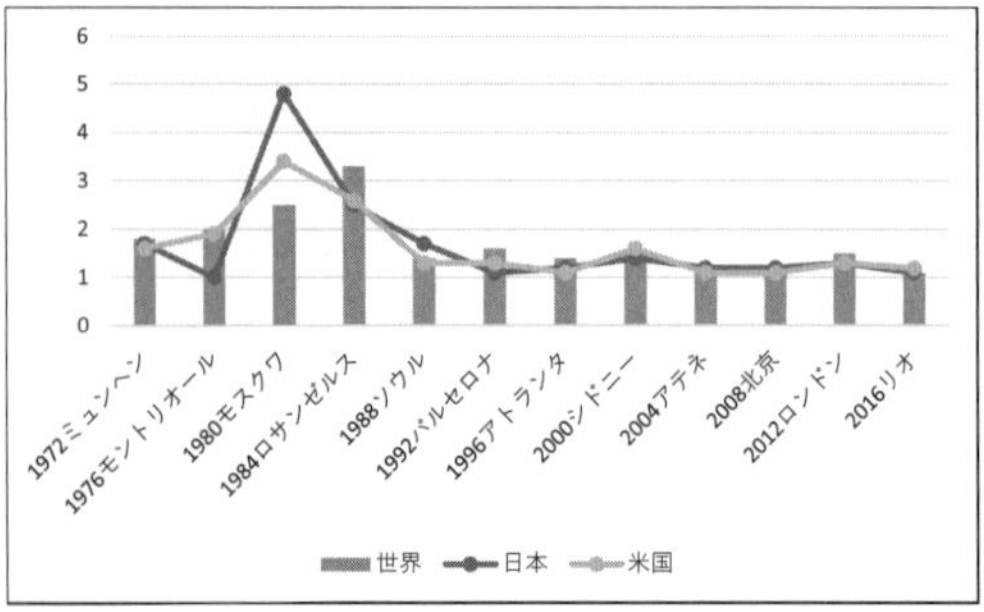

図２　日米と世界の放送権料上昇率（当該大会÷前回大会）の推移

2．オリンピックにおける放送権料の高騰の論点

商業化の転機となった1984年ロサンゼルス五輪

オリンピックにおける放送権料の高騰に関して、これまでどのような議論が行われてきているのだろうか。杉山によると、1936年のベルリン五輪で試験的なテレビ中継、ベルリンと東京間の写真電送、国際電話を使っての選手インタビュー、記録映画「オリンピア（民族の祭典）」の制作がなされた。1948年のロンドン五輪で本格的なテレビ中継が始まり、1958年、オリンピック憲章に「放送権」（Broadcasting rights）を明記。当初、契約交渉は大会組織委員会が担当し、1984年のロサンゼルス五輪の後からはIOCが担当となる(4)。

オリンピックの商業化の転機とされるのが、このロサンゼルス五輪である。坂田は、伏線として、1976年のモントリオール五輪に言及している(5)。巨額な投資や管理体制の不備、オイルショックによる物価の高騰などで莫大な赤字を記録し、従前の国との取り決めの結果、利払いを含めて27億ドルといわれる負債をモントリオール市が抱えることとなった。その影響で、1984年大会の立候補都市はロサンゼルスだけとなった。

大会組織委員会会長のピーター・ユベロス（Peter Ueberroth）氏は、商業主義を徹底させ、スポンサー契約を1業種1社に絞ることによる協賛金の高額化のほか、放送権料も釣り上げた。結果、1984年ロサンゼルス五輪は2億1500万ドルの黒字を計上した。

坂田（2016）(5)はまた、ユベロス氏がロサンゼルス五輪を主導しているのと時を同じくして、ファン・アントニオ・サマランチ（Juan Antonio Samaranch）氏がIOC会長（任期1980―2001）に

就任したことがオリンピックの商業化に拍車をかけたとしている。オリンピックの価値を高めるため、プロに関する制限規定を段階的に緩和し、1991年には制限規定が原則的に取り除かれ、1994年リレハンメル冬季五輪以降、冬季大会は夏季大会との同年開催から、2年ごとの開催となった。

米テレビ局が世界の放送権料の高騰化を牽引

IOCは財政の面で大きくテレビマネーに依存している。IOCの発表によると、2013—2016年の会計期間における収入は57億ドルとされており、うちテレビの放送権料は74%を占めている(6)。トンプソンは、そのうちアメリカの放送局が払う放送権料の額は他の国を大きく引き離していると指摘した(7)。1998年から2012年までの冬・夏季五輪の放送権料を地域別に調査した結果、北米(大部分はアメリカの放送局の負担分)の放送権料は全体の60%前後を構成していた。

米国における2021年の東京五輪の放送権はNBCユニバーサル(NBC Universal)が所有した。トンプソンはまた、NBCユニバーサルは巨大なメディア複合企業であり、米国の古参「3大ネットワーク」の一つであるNBCが傘下にある(以下、NBCユニバーサルとNBCを区別せず一律「NBC」と表記する)と説明した(7)。夏冬合わせて、東京五輪はNBCが放送した17回目のオリンピック大会であり、連続11回目となる。どちらもアメリカの放送局の中で最多数である。夏季大会に関しては、ABCに放送権をとられたロサンゼルス五輪のあと、1988年ソウル五輪から9回連続してオリンピックを放送している(8)。

なお、NBCは2011年に、2014年ソチ冬季五輪と2016年リオ五輪、開催地がまだ決まってなかった2018年の冬季五輪、2020年夏季五輪を合わせて約44億ドルの巨額契約を結んだ(9)。さらにN

BCは2014年には、2032年夏季五輪までの冬夏6大会を総額76億5000万ドルで獲得している(10)。アメリカにおける放送権料の暴騰は、NBC、ABC、CBSの三大ネットワークの視聴率争い、広告収入のぶんどり合戦があればこそだと考える。

なぜ、こうも巨額の放送権料が出せるのか。米ロサンゼルスタイムズ紙によると、NBCの五輪報道はテレビ視聴率でライバル企業に圧勝してきたそうで、応分の利益（広告収入）をもたらしてきたからだとしている。またトンプソンによる研究動向の整理によれば、五輪放送では自国の選手やその選手が得意としている種目に焦点を合わせた放送になっていること、そして五輪放送を見ることによって、オリンピック大会視聴者に愛国主義やナショナリズムが植え付けられているかについても研究されていると指摘した(7)。

日本でも同様で、須田は、国内メディアは日本人選手に多く焦点を当てるエスノセントリズム（自民族中心主義）を拡張しつつ、とくに民放テレビにあっては芸能人・タレント類を多く起用し、「過度の娯楽性」をより顕わにした、と批判している(11)。

日本の放送権料はNHKと民放連合の共同体が負担、米国に引きずられる形で高騰

一方、日本の五輪放送に関しては、1960年ローマ五輪から1972年ミュンヘン五輪まではNHKが単独で獲得し、放送権料の高騰化に対応するため、1976年モントリオール五輪ではNHKと民間放送（以下、「民放」と略す）各社がその枠組みを超えて共同制作する「ジャパン・サテライト・ニュース・プール」（Japan Satellite News Pool）が契約した。1980年モスクワ五輪ではNETテレビ（現・テレビ朝日）が単独で放送権を獲得したが、日本などの五輪ボイコットの影響で赤字となり、1984年ロサンゼル

ス五輪からは再び、NHKと民放の共同取材組織の「ジャパンプール」（Japan Pool）が放送権を獲得した。なお1996年のアトランタ五輪以降は、この共同取材組織は国際スポーツ中継専門の「ジャパンコンソーシアム」（Japan Consortium、以下「JC」と略す）と改称された（4）。

異常な1980年代の放送権料の高騰化

JCは無競争グループでありながらも、米国の放送権料高騰にひきずられる形で、毎回、契約金額を上げてきた。過去、契約金額はおおよそ、米国の10分の1ほどで推移している。杉山によると、テレビ朝日は1980年のモスクワ五輪で1976年のモントリオール五輪の6・5倍となる850万ドル、ジャパンプールが、1984年ロサンゼルス五輪ではモスクワ五輪の2・2倍となる1850万ドル、1988年ソウル五輪ではロサンゼルス五輪の2・7倍となる5750万ドルでそれぞれ契約している（4）。1992年のバルセロナ五輪以降は、前回大会の1・2倍、1996年アトランタ五輪がその1・7倍、2000年シドニー五輪はその1・3倍、2004年アテネ五輪はその1・1倍と推移しているのを見ると、いかに1980年代の伸びが異常だったかが分かる。（図2）

放送権料の高騰化の経緯をみれば、1984年ロサンゼルス五輪を前後とする80年代があること、放送権料はアメリカの放送局に偏る構造となっていることがわかる。

このように、これまではメディア（テレビ）とオリンピックの関係性の歴史的展開やその構造、そしてメディアの思惑といった点から放送権料の議論が出発している。こうした理解は通説的に理解されているものと思う（12）。では、そもそも放送権料の高騰はなぜ受け入れられ続けてきたのか。高騰が続くには、そうした状況が受け入れられることで初めて成り立つはずである。つまり、それが持続する構造や思惑について解き明かすだけでなく、そのはじまりを議論する必要があるのではないか。そこで、本稿では、1980年代におけるオリンピック放送権料をめぐる展開について確認しつつ、日本の放送権獲得事情を探りたい。

3．オリンピック放送権料のオーソリティ3氏インタビュー

まず本稿ではIOC関連文書やオリンピック大会報告書、関連文献を検討した。さらにオリンピックの放送権交渉の内実を探るため、2021年4月から2022年2月にかけて、IOCビジネスやオリンピックの放送権料交渉に詳しいメディア及びIOC関係者に対し、半構造化インタビューを行った。なおキーワード設定から分類、検討までの分析は、オリンピックレガシーを研究対象とする研究者2名が行った。

4．1980年代のオリンピック放送権料の高騰化のワケ

まず先行研究をもとに五輪放送権料の高騰化に関わるキー

表2　インタビュー調査対象者

氏名	性別	生年	略歴
A氏	男	1936年	1959年NHK入局。80年代から五輪などの放送権ビジネスを担当。FIFAワールドカップ日本組織委員会、2019年ラグビーワールドカップで放送関係を担当。スポーツプロデューサー
B氏	男	1951年	1974年電通入社。ワールドカップや世界陸上、五輪などのグローバルスポーツマーケティングを担当。国際陸連TV委員などを歴任。大学の客員教授。日本BS放送の番組審議委員。
C氏	男	1931年	1956年冬季五輪の回転銀メダルを獲得。82年、IOC委員に選ばれ、副会長などさまざまな役職を務めた。2012年からIOC名誉委員。元東京五輪パラリンピック組織委員会顧問。

ワードを設定し、インタビューのテキストを分析、それに関連すると考えられる意味単位（セグメント）を識別、この意味単位の要約（コード）化を行った。五輪放送権料ビジネスに詳しいA氏とB氏のテキストの比較検討をしたところ、コードとして「五輪価値」（A氏が4個、B氏は5個）、「世界経済」（4個、5個）「モスクワ五輪」（12個、6個）、「カルガリー冬季五輪」（6個、4個）、「ロス五輪」（6個、6個）、「高騰理由」（5個、10個）などで重なった。（図3）

以下ではインタビューの内容から日本における1980年代の放送権料事情を確認する。

4―1　オリンピックの価値とは

まずは、五輪とテレビの相性、接近についてどのように認識されているかを確認したい。市場原理でいくと、オリンピックの価値の拡大に比例し、放送

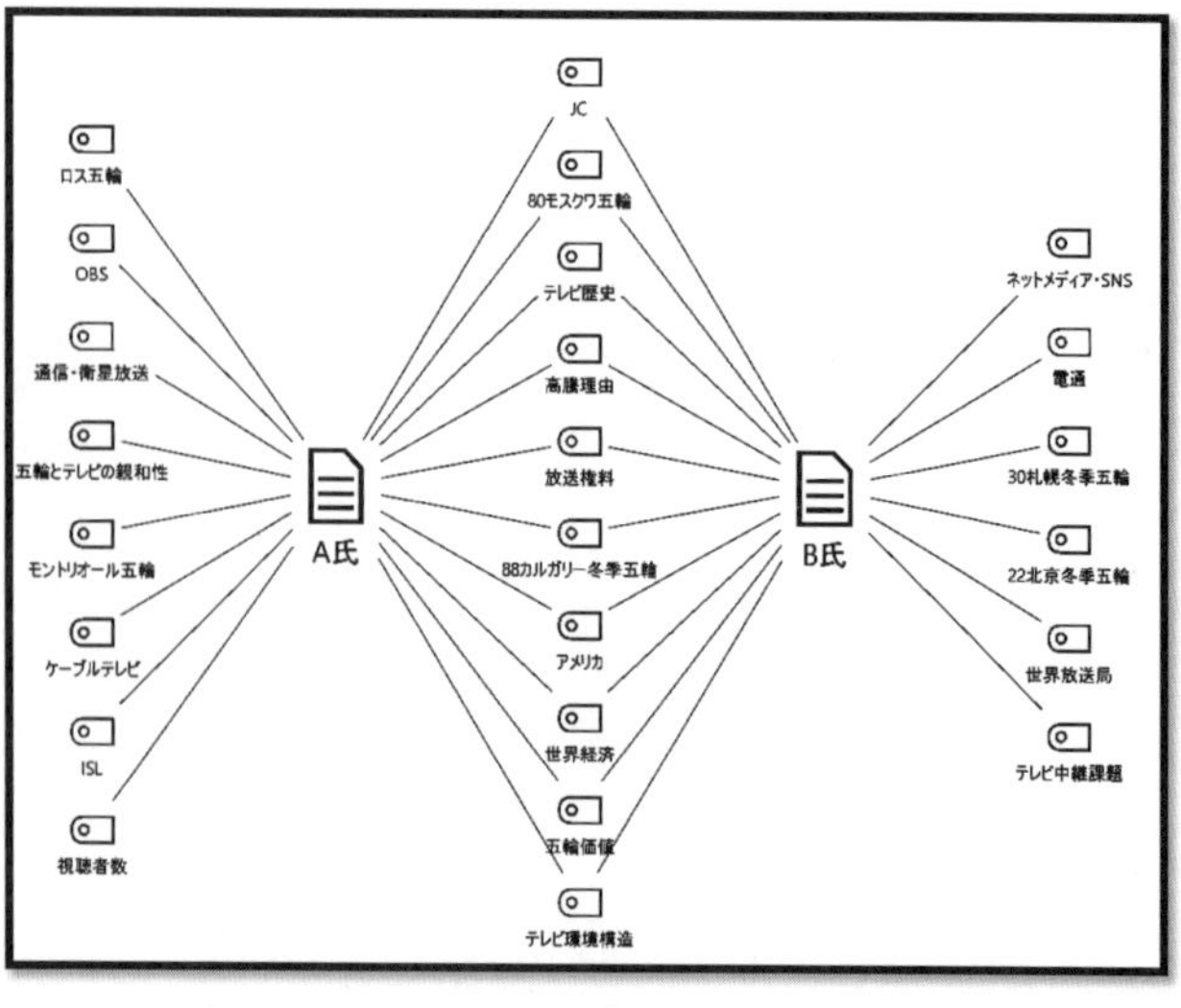

図3　A氏とB氏のテキストのコード分布図

権料は高騰していくことになる。企業、スポンサーのグローバル化を推進するプロフェッショナルな巨大広告代理店が存在し、例えば、米国のNBC、ABC、CBSの激しい広告収入の奪い合い、視聴率争いが、さらにオリンピックの価値を大きくしていく。

「世界中から、上は40、50代、下は13歳からの才能あるアスリートがオリンピックには集まってくる。また、筋書きのないドラマ性、国と国の対決によるナショナリズムの高揚、スポーツそのもののビジュアル性…。1970年代後半に米国ではESPNというスポーツ専門局が出てくることもあって、テレビスポーツがキラーコンテンツとなっていく。アメフトやベースボール、バスケットボール、テニス、ゴルフだけでなく、いろいろなスポーツを同時に開催するキラーコンテンツとしてオリンピックの価値も上がってくる。米国の放送権料の高騰は実質的に公共放送がないからですよ。ぜんぶ、コマーシャルステーション（民放）です。その3大ネットワークがビジネスの競争をやるわけです。とくに80年代、コマーシャル収入が好調だったからだと思います」（A氏）

オリンピック放送権料の半分を占めるアメリカにおける放送権料の高騰は、大きな公共放送がないことで引き起こされた民間放送による競争が背景にあるとA氏は語る。そしてB氏の発言からは、そうして競争にマッチするオリンピックの特徴が語られる。IOCはスポーツを使って、世界平和構築に貢献し、オリンピックの価値を高めていくことを目指している。オリンピックの特徴は競技の多様性、参加国の多さ、選手の世代の幅、つまり多種多様のダイバーシティーにある。

「グローバルな大会でいうと、様々な競技の世界選手権があります。サッカーのワールドカップ、後発の陸上の世界選手権など。ただサッカーのワールドカップは、サッカーの弱い国の人にはあまり関係が薄い。でも、オリンピックだったら、どこかの競技でその国の得意競技がある。よって、文字通り、世界中の人々から注目を集めることができるのです。オリンピックは、単にグローバルなだけではなく、真にグローバルなんです。さらに経済力に裏打ちされた技術力が、圧倒的なテレビの普及を後押しし、地球の隅々の人にまで視聴できるようになっている。視聴者数でいえば、世界の人口の増加と経済の拡大が、放送権料の高騰化を後押ししているのです。多くの人が見られるというのは、価値が高いということです」（B氏）

世界の人口増、好景気も放送権料を後押し

国際連合の人口推計によると、世界の人口は1950年には約25億人であったが、その後は増加し続け、1960年には30億人、1970年には38億人、1980年には44億人、1990年に52億人、2000年には60億人を超え、2011年には70億人を超えた。80年代の増加率は年1・73％で推移、90年代以降はそれが小さくなっていく（2020年は0・97％）(13)。

そのうち五輪放送権料を牽引する米国の人口はといえば、1980年が2億2700万人、90年には2億5000万人と10年で約2300万人増え（2020年は3億2900万人）、日本は80年が1億1700万人で90年には700万人増えて1億2400万人となった（2020年は1億2500万

人）。

加えて、経済成長に目を向けると、世界の名目ＧＤＰ（国内総生産）の合計は１９８０年が11兆１０００億ドルで、90年には22兆４０００億ドルと倍増した（２０２０年は84兆９０００億ドル）。ＧＤＰ世界1位の米国も、80年が2兆９０００億ドルで90年には5兆９０００億ドルと倍増（２０２０年は20兆ドル）。2位だった日本は80年が1兆１０００億ドルで、バブル期を経て、90年には3兆２０００億ドルと伸ばした（２０２０年は世界3位の5兆億ドル）(14)。

以上のことから、放送権料の高騰はその国の好景気が支えているともいえる。広告料だ。ならば、他競技も同様だろう。全米でもっとも経営状態が良いスポーツ団体といわれる米プロフットボールのＮＦＬを見てみる。早川によると、ＮＢＣ、ＡＢＣ、ＣＢＳが契約を結んでいた１９８０年、1年あたりの契約額が平均1億６１５０万ドルだったのが、上位3局にＥＳＰＮが加わった１９９０年には1年あたり平均9億１２５０万ドルにも跳ね上がっている(15)。

オリンピック憲章から「アマチュア」の文字が消え、「多メディア・多チャンネル」時代へ

また、歴史をたどると、１９７４年、オリンピック憲章から「アマチュア」の文字が消えた。時を同じくして放送形態が多様化していく。１９７９年、米国でケーブルテレビのスポーツ専門チャンネル、ＥＳＰＮが開局。１９８０年代からは放送衛星を使った放送「衛星放送」が出現し、やがて「通信放送」「インターネット放送」も出てくることになる。いわゆる「多メディア・多チャンネル化」である。

これら衛星放送の出現で、アフリカの途上国などでもそれなりに経済力をつければ、テレビは爆発的な普

及の一途をたどることになる。C氏はこうした普及を五輪の価値として肯定的に語る。

「いまや世界の延べ50億人を上回る人々がテレビを通じてオリンピックを見ています。オリンピックが始まると、日ごろ鍛えてきた選手たちが大変な技と力を持って戦うわけです。極限に挑戦する、そのひたむきな姿を見ると、多くの人たちが、感動だけではなく、努力すれば何でもやれるんだという強い力を感じ取ることができるのです。そこにオリンピックの価値があるのです」（C氏）

とくに米国のテレビ局にとって、オリンピックは特別な価値を持つ。松瀬によると、ある五輪スポンサーが「We are part of the history」と胸を張ったという(16)。米国は歴史が浅いからこそ、歴史の一部でありたいとの願望が強いのだろう。だから、テレビ局も視聴率を上げるため、「オリンピックはＮＢＣのもの」などとブランド化したいのだ。

またテレビ局はうまくやれば、放送権料を上回るコマーシャル収入を確保できる。ＮＢＣの幹部がこう、説明している。「世界でもっとも重要なスポーツイベントは、我々に大きな価値をもたらす。人気ドラマだって10年も高視聴率は保てない。だがオリンピックは違う。４年ごとに新しい配役で一度も見たことのないドラマが放送される。祖父母も息子も娘もひきつける。スポンサーにとって、オリンピックは最高のファミリードラマなのだ」(16)と。

4―2 「商業五輪」夜明け前のモスクワ五輪の〝ぶんだくり商法〟

坂田らによると、ＩＯＣビジネスの転換期は「商業五輪」と形容される１９８４年のロサンゼルス五輪となっている(5)。ロサンゼルス市は開催都市であるにもかかわらず、財政出動を行わず、一切の責任を負わない。代わって、南カリフォルニア・オリンピック委員会という民間の任意団体が大会を運営した。

ＩＯＣ委員を21年務めた猪谷によると、それまではテレビからの放送権料収入は３分の２が大会組織委員会に、３分の1がＩＯＣに分配されていたが、ロサンゼルス大会ではＩＯＣの比率がもっと低く設定されていたと明かしている(17)。それほど立志伝中の人、ユベロス会長率いるロサンゼルス大会組織委員会の立場が強かったわけだ。１９８４年五輪に立候補した都市はロサンゼルスだけだったからもあるだろう。

五輪は収入不足などで窮地に陥っていた。１９７６年の冬季五輪を開催する予定だった米国のデンバーが、財政面の問題と環境保全の観点から起きた住民投票によって開催を返上した後だった（オーストリアのインスブルックが代替開催）こともある。また、同じ年の夏季五輪のモントリオール五輪はオイルショックのあおりを受け、９億８０００万ドルの赤字を残してしまう(17)。そこで、ユベロス会長は無駄をはぶき、コマーシャリズムを導入した。

ＩＯＣは五輪憲章を改訂、組織委員会の放送権交渉の権利とＩＯＣの放送権料分配権限を定めた。結果、前述の通り、１９６０年ローマ五輪以降は、テレビ局からの放送権料が、大会組織委員会とＩＯＣにもたらされることになっていた。

また欧米における選手のプロ化の加速に伴って、世界のスポーツ市場は大きく変わろうとしていた。放送権料も拡大し続け、米国や日本など西側諸国がボイコットした１９８０年モスクワ五輪では８８００万ドルまで跳ね上がった(4)。１９７６年モントリオール五輪の２・５倍だった。いわば「商業五輪」の夜明け前である。

「ロサンゼルス五輪が商業化の最初といわれるけど、とんでもない、最初はモスクワ五輪だと思う。五輪の商業主義はモスクワが先鞭をつけたのです。世界情勢というか、時代の必然だったのでしょう。モスクワ、ロス五輪あたりから、テレビと放送権、テレビとオリンピック、テレビとスポーツの関係もガラガラと変わっていった。ただ、同じビジネス路線でも、モスクワ五輪のソビエト（現ロシア）のやり方は西側諸国から外貨をぶんどろうという戦略、ロス五輪のユベロス商法は五輪を完全に商業イベントに変える戦略だった。オリンピックマークも商品に変えてしまった。モスクワの〝ふんだくり商法〟とロスの〝ユベロス商法〟は決定的に違うのです」（A氏）

旧テレ朝の抜け駆けが日本の放送権料アップに拍車を

モスクワ五輪の放送権料は全体の82％にあたる7230万ドルを米国のNBCが支払った。杉山によると、日本はモントリオール五輪の際に結成されたNHKと民放連の連合組織、ジャパンプールではなく、テレビ朝日の前身、NETテレビが850万ドルで国内独占放送権を獲得した。これはモントリオール五輪の約6・5倍の金額となる(18)。

なぜNETは抜け駆けのような形でモスクワ五輪の放送権獲得に走ったのか。杉山によると、テレビ局と新聞社の系列再編が行われる中、教育専門局から一般総合局に移行したNETテレビがイメージアップを図るための名称変更（1977年4月に全国朝日放送＝テレビ朝日）を印象付ける狙いがあったとしている。

(18)モスクワ五輪組織委員会は、NETやNHK、他の有力民放にも放送権料交渉の招請状を送っていた。同組織委は、日本との放送権料交渉に先立ち、米国の放送3社との競争を利用し、NBCとの高額の放送権料交渉を成功させていた。日本でも、「多数の局に声をかけ、〝競り〟状態に持ち込み、放送権料をつり上げよう」という目論見だった。

「テレビ朝日がすごい金を払ってNHKや他局を出し抜いた。交渉では、テレビ朝日の辣腕重役が動かれたわけです。モスクワから招請状をもらったから、それに応えただけ、ということでした。もし、モスクワ五輪が正常開催されていれば、きっとテレビ朝日は相当の収益をあげていたと思います。いずれにしろ、このテレ朝の抜け駆けは、日本の放送権料を上げる一因にはなったと思います。五輪の放送権料交渉は、だいたい前回大会の金額をベースにして始まりますから」（A氏）

ソ連（当時）のアフガニスタン軍事進攻を受け、米国や日本などの西側諸国の多くがモスクワ五輪をボイコットした。テレビ朝日は当初の総放送時間予定を約80％も減らすことになった(18)。大赤字を蒙った。

「もしモスクワ五輪でテレ朝が成功していたら、以後、日本の五輪放送もアメリカみたいに各局の競争みたいになった可能性はある。放送権料もどんどん上がっていったでしょう。結局、次の五輪から、再び、NHK主導のジャパンプールによる五輪放送となるわけです。すごく日本的なオールジャパンですよ」（B

氏）

4―3　ロサンゼルス五輪の〝ユベロス・マジック〟とは。放送権料交渉では入札制度を利用

ロサンゼルスは1978年10月のIOC総会において1984年の夏季五輪の開催地に決まった。五輪招致に立候補していたのは同市だけで、無投票決定だった。大会組織委員会はすべてを民間の運営にゆだねる「民営五輪」を実践した。「商業五輪」だ。

海老塚によると、大会組織委員会会長に就任したピーター・ユベロスはウォルト・ディズニーの方式を参考にしてビジネスモデルを描いたといわれている。五輪をエンターテイメントとしてとらえ、企業や市民、そしてメディアに対してアプローチしようと考えたのである。(19)

また猪谷によると、ユベロス会長の考えた収入源の一番は放送権料だった(17)。そのため、放送権料のビジネス化を図り、大幅なかさ上げと有効利用を狙った。大会組織委員会は米国の3大ネットワークに対し、入札で金額をつり上げ、最終的にはABCが2億2500万ドルで落札した。総額の78％を占める。

「ロス五輪で、大会組織委員会はマーケティングをシステム化した。放送権料に関しては、入札制度を利用する。その大会組織委員会のユベロス会長のやり方を、IOCはマネをすることになる。以後、IOCは放送権料交渉をテレビ局と自分たちがやることにした。高額のアメリカの放送権料の背景には民放の財力の大きさ、民放のコマーシャル収入が好調だったからだと思う」（A氏）

「アメリカのテレビ局の構造変化が放送権料を押し上げていくことになった。単に民放間の競争だけでなく、経営者が変わって金儲け主義に走るようになった。それが、コンテンツ獲得競争にさらに拍車をかけたんじゃないかと思う。例えば、ＮＢＣは80年代に大株主が変わって、その大株主の意見が強く出てくる経営環境になった。１９８０年代アメリカの放送権料のジャンプはテレビ業界の構造変化が大きいと思います」（Ｂ氏）

米国の産業構造の変化がテレビ局の資金力を押し上げる

ＮＢＣは１９８６年、親会社の老舗電気メーカー「ＲＣＡ」が、世界最大の総合電機メーカー「ゼネラルエレクトリック（ＧＥ）」に買収されたため、ＧＥの傘下となった(20)。ＡＢＣは１９８５年、親会社が米国のメディア会社「キャピタル・シティーズ」となり、のちに「ウォルト・ディズニー・カンパニー」の傘下となった(21)。ＣＢＳは１９９５年、音楽関係の「フェンダーギター」社から、原子力関連企業の「ウエスティングハウス・エレクトリック」社に買収された(22)。結果、巨大企業が参画してきた米テレビ局にとって、オリンピック放送は損得を超えたイメージ戦略のひとつとなっていった。すなわち、放送権料の高騰化はいわば、産業構造の変化がもたらしたということである。

なお、１９８６年、オーストラリア出身のルパート・マードック氏によるＦＯＸが米国で設立された(23)。早川によると、ＦＯＸは１９９３年、それまでＣＢＳが所有していたＮＦＬ・ＮＦＣ（ナショナルフットボールカンファレンス）の放送権を破格の放送権料（4年間15・8億ドル）で獲得するなどし、スポーツイベントの放送権獲得競争がさらに激化していく(15)。現在は地上波放送の3大ネットワーク（ＮＢＣ、ＡＢＣ、Ｃ

BS）にFOXを加え、4大ネットワークと呼ばれている。

ロサンゼルス五輪では、モスクワ五輪の報復として、ソビエト連邦、東ドイツなど東側諸国がボイコットした。だがロサンゼルス五輪組織委員会の展開した商業五輪は、オリンピック史上初めて2億1500万ドルの黒字を生み出した(24)。IOCは、その〝ユベロス・マジック〟に驚いた。

4―4 1988年のカルガリー冬季五輪でも放送権料がジャンプ

このロサンゼルス五輪のユベロス商法をつぶさにみていたのが、1980年にIOCのロード・キラニン(Lord Killanin) 会長を継いだサマランチ会長だった。IOCが五輪ビジネスの主導権を取り戻すため、放送権ビジネスのためにメディア担当専任のディック・パウンド(Dick Pound) 理事を置くとともに、外部の民間企業、IMG（インターナショナル・マネジメント・グループ）とコンサルタント契約を結んだ。

ABCが獲得した1988年カルガリー冬季五輪の放送権料は3億900万ドルに跳ね上がった(16)。前回の1984年サラエボ冬季五輪の9100万ドルの3倍以上。1988年ソウル五輪の3億ドルをも上回る破格の金額だった。ほぼ時差なしに米国でライブ放送できる点や、大会が16日間に延長され、3度の週末を利用できるメリットはあった。ただ、それよりも、IOCが導入した入札方法が金額をつり上げたという。

「サマランチ会長は、ユベロスのやり方をIOCに持って行った。自分たちで儲けることにしたわけです。IOCが直接、放送権交渉に乗り出したのはカルガリー冬季五輪、ソウル五輪からでしょ。1948年のロンドン五輪の時、英国BBCが組織委員会に払ったお金はファシリティフィー(Facility fee) です。

つまり、場所使用料だった。テレビカメラを置いて、お客さんの場所を使うから。でも、いつごろからか、ブロードキャスティングライツフィー(Broadcasting rights fee)に変わったのです。ＩＯＣはカルガリー冬季五輪から放送権料獲得に本腰を入れたのです。エリアごとに担当理事を置いた。米大陸はパウンド、ヨーロッパがサマランチ、アジア、オセアニアが金雲龍といった具合です」(Ａ氏)

「ロス五輪ではユベロス会長にうまいことをやられた。つまり、それまで、ＩＯＣにはマネジメント能力がなかったわけです。でも、ロス五輪で分かった。ＩＯＣ理事のパウンドさんが、オリンピックはこんなにもうかるのか、それでは次のカルガリーオリンピックも、もうちょっと上げようじゃないかとなったんでしょ。カルガリーが一気に跳ね上がった。パウンドさんはやり過ぎだったと言っていたようです。夏季五輪ではないですよ。冬季五輪ですから」(Ｂ氏)

ＡＢＣ副社長「あのやり方はクレージーだった」

カルガリー冬季五輪の最後の放送権交渉は大会の4年前、１９８4年1月、ＩＯＣ本部のあるスイス・ローザンヌのホテルで行われた。筆者はかつて、その時に落札した当事者、当時のＡＢＣスポーツ副社長だったジム・スペンス氏にインタビューした。「いま思い出しても腹が立つ。あのやり方はクレージーだった」と語り、ＩＯＣの狡猾な手法に乗せられたのは、自分たちテレビ局同士の競争心理を煽られたからだと説明していた(16)。

カルガリー冬季五輪で、ＡＢＣはコマーシャル収入を十分に確保できず、５０００万ドルの赤字を出すことになった。結果、ＡＢＣはこれを最後に五輪中継から撤退していく。

４―５　オリンピックの放送権料の高騰理由とは

ＩＯＣの商業主義のもと、テレビ局の放送権料も右肩上がりで高騰してきた。放送権料を担う媒体は地上波だけでなく、衛星放送、通信放送、有料ケーブル、インターネットと多メディア、多チャンネル時代を迎えた。メディアの構造変化、世界の経済情勢、人口動向など、五輪の放送権料の高騰は複合的な要因によって続けられてきた。

とくに１９８０年代の驚異的なジャンプである。ＩＯＣや五輪、テレビ業界をとりまく状況が変化したからだと考える。いわば必然だった。

「１９８０年代、ＩＯＣが商業主義に走り出したからでしょう。ブルジョアたちがパトロンの寄付でやっていた近代五輪から、マーケティングで得たマネーで運営する現代五輪への転換期となったわけです。ビジネスですよ。場所使用料だったファシリティフィーが、いつのまにか、ブロードキャスティングライツフィーに変わりました。

またＩＯＣがアマチュアと決別することによって、キラーコンテンツのオリンピックの価値がどんどん上がっていったからでしょう。アメリカの民放テレビ局のコマーシャル収入も好調だったからだと思います。

確実に高くなる放送権料に対応するため、日本のテレビ局は１９７６年のモントリオール五輪の後、ジャパンプールをつくった。ヨーロッパはもともとヨーロッパ放送連合というＥＢＵ（European Broadcasting Union）がありました。

１９８０年モスクワ五輪のテレビ朝日の抜け駆けは、日本の放送権料を引き上げる一因になったと思います。歴史的にいえば、全世界的に放送と通信の融合といわれる１９８０年代の後半から、いわゆる衛星を使った放送、衛星放送も出てきます。放送形態が多様になったこともあるでしょう」（Ａ氏）

「放送権料の高騰化は、世界の経済力の伸びゆえです。経済力に裏打ちされた技術力が、地球の隅々まで普及しつつあるというのがあると思います。また、人口が増えていることが大きいですよね。そのグローバル化という視点とちょっと矛盾するかもしれませんが、やはりアメリカの影響がすごく大きいですよ。ＩＯＣの放送権料収入の半分程がアメリカのテレビ局ですから。アメリカのテレビ局の視聴者はアメリカだけですよね。それにしては、放送権料がでかすぎます。日本の放送権料はアメリカの10％ぐらいですよ。アメリカが１０００万円だしている時、日本は１００万円ぐらいというわけです。

１９８０年代の放送権料の急激なジャンプは、テレビ業界の構造変化が大きく影響していると思います。まだテレビ全盛の時代。アメリカは、３大ネットワークが熾烈な視聴率獲得競争をしていたわけです。アメリカの人口は、日本の3倍ぐらいでしょうか。ＧＤＰは3倍以上ですか。アメリカは民放一局が独占で放送権料を獲得して、購入分を広告料で稼ぎ出す必要があります。ビジネスです。スポンサーがとれればいい、視聴率がとれればいい、と金儲け主義に走ったわけです。

日本の場合は、ＮＨＫが主導していて、放送権料の7割程度を負担しています。ＮＨＫは民放ではないので、それを稼ぎ出す必要はありません。コンテンツを買うことが大事なのか、稼ぐことが大事なのかになると思うんです。アメリカの民放は買うより稼ぎ出す方に力点があるのはないでしょうか。それを稼げないいなら買えないですよね」（B氏）

「私は、オリンピック運動の推進ということだけを考えれば、オリンピックの大会規模は大きければ大きいに越したことはないと思います。その方が結局、オリンピックの露出度が高まるし、いろんなスポーツが導入されれば、そのスポーツのファンがオリンピックに関心を持つようになるからです。その半面、オリンピックには莫大な経費がかかるようになって、このままいったら、世界でオリンピックを開催できる都市というのは、5本の指の数ぐらいしかなくなってしまう。理想をいえば、オリンピック運動を推進するためには、いろんな違ったところで、オリンピックは開催されることが望ましいので、それがマイナスかなと思います。

放送権料がこれ以上、高くなってしまったら、もう放送してくれるところがなくなってしまうのではないかと心配しています」（C氏）

5．オリンピック放送権料の高騰化は市場原理ゆえ

オリンピック放送権料の高騰を考える上で、「商業五輪」という視点は外せない。その契機は1980年モスクワ五輪で、本格化したのが1984年ロサンゼルス五輪と見ることができる。五輪を主催するIOCは、1980年のモスクワ五輪後、サマランチ会長の就任とともに五輪のビジネス化に動き出し、経済的に

大成功を収めたロサンゼルス五輪の「ユベロス商法」から影響を受け、独自に五輪放送権料のビジネス化に本腰を入れ始めた。テレビ局側との交渉段階で導入した入札制度などが効果的だった。そう、A氏やB氏のテキストから浮かび上がる。

こうした状況が認識される中で、日本の事情を検討すれば、1980年モスクワ五輪の際のNETテレビ（現・テレビ朝日）の抜け駆け的な国内独占権獲得が放送権料高騰に拍車をかけた。図2にも表れている通り、モントリオール五輪からの上昇率は6・5倍となっている。このことは、日本においても米国と同様の民放による放送権獲得競争を引き起こしかねない事態であった。日本でも高騰が始まる時点でビジネス競争の可能性があったのだ。しかしモスクワ五輪の日本のボイコットによってテレビ朝日は大赤字を出すこととなる。日本では1984年ロサンゼルス五輪以降、NHKと民放連合の組織（ジャパンプール＝現JC）が誕生し、高額な五輪放送権料を支払う体制を整えた。急激な高騰は避けられたとはいえ、その後の上昇率は米国と大して変わらない推移を示していることは検討の余地を残す。

IOCの財政基盤の主軸であるオリンピックの放送権料の高騰化、とくに1980年代の急激な高騰ぶりの背景には、需給関係で言えば、視聴者数の増加につながる世界の人口動向の伸び、経済力の拡大があった。とくに世界の放送権料をリードする米国の人口増加、好景気によるコマーシャル収入拡大である。

加えて、IOCは1974年にアマチュア規定を五輪憲章から削除したことで、80年代から一気に進んだ五輪の商業化とともにプロ化が加速され、テレビコンテンツとしての五輪の価値が拡大した。「多メディア・多チャンネル化」が進む中、米国の3大ネットワーク（NBC、ABC、CBS）の放送権獲得の競争激化、テレビ業界の構造変化などの複合的要因が放送権料の高騰化を後押ししたとも考えられる。

オリンピックの放送権料は、１９９０年以降も右肩上がりを続けている。ビジネス路線をまい進するＩＯＣは放送権料の交渉窓口を大会組織委員会からＩＯＣに移し、放送権料の分配比率を92年までの大会組織委員会70％、ＩＯＣ30％から、94年以降は大会組織委員会60％、ＩＯＣ40％に変えて収入を増やした(25)。１９８０年代以降、オリンピックなどのトップスポーツイベントにおいて、商業主義との連携なしでは開催が不可能になっている。

ＩＯＣは１９９５年、オーストラリアのチャンネル７との放送権において、96年アトランタ五輪と２０００年シドニー五輪の一括契約を結んだ。これを受け、米国のテレビ局も複数大会の一括契約が主流となり、米ＮＢＣは２０１４年ソチ冬季五輪から32年五輪（豪・ブリスベーン開催）までの10大会のアメリカ本国における放映権を保持することになった。オリンピックの放送権料はＮＢＣにとって、大きな投資であり、放送権は大きな資産であるのは分かる。ただ、オリンピックの持続継続性を考えるならば、行き過ぎた商業主義はいずれ抑制されなければならない。そこで、今後、放送権料の高騰が市場原理に合っているのかどうか、を吟味する必要がある。

ＮＢＣは広告料確保のため、視聴率を稼がねばならず、過度な演出、米国の選手の活躍に報道が偏重しているとの批判がある。インターネットの登場による、ＳＮＳ、デジタルメディアの発展に伴う、テレビ離れが一気に進む可能性も高い。２０２２年北京冬季五輪の米国向け放送権を持つＮＢＣはプライムタイム（夜の高視聴率帯）の平均視聴者数が、同局が放送した五輪で過去最低の１１４０万人にとどまった。前回大会の２０１８年平昌五輪から約42％減少している(26)。商業五輪の「曲がり角」を示唆しており、今後も長期スパンで検証を続ける必要がある。

以上、論じてきたように、放送権料高騰化の複合的な要因を探るには、ＩＯＣとテレビ局、視聴者などの様々な利害関係、及びスポーツ界を取り巻く社会構造の変容を明らかにする必要がある。石坂は、フランスの社会学者、ピエール・ブルデューの指摘を引用し、「オリンピックはスポーツスペクタルからナショナリズム的な役目を果たすものへの変貌の過程、映像と言葉の生産、商業化のための競争に加わる行為者と機関の間の客観的関係の総体（ＩＯＣ、テレビ局やスポンサーなど）、国家的スポーツ政策に関連づけられるスポーツ生産の産業化などを複合的に観察し、分析しなければいけないイベントに成長している」としている(27)。

ならば、新型コロナウイルス下によるオリンピックのコンパクト化が提案される中、東京五輪の開催1年延期は放送権料にどういった影響を与えたのか。また放送権料の高騰化とともに、オリンピックを開催する意義や価値、レガシー（遺産）などの変容についても検証することが求められてくる。

【引用・参考文献】
(1) 東京オリンピック・パラリンピック競技大会組織委員会公開フォーラム報告書。
(2) 毎日新聞、２０２1年12月23日付朝刊。
(3) Olympic Marketing Fact File などＩＯＣ資料。
(4) 杉山茂（２０１８）東京富士大学・オリンピック特別講座資料。
(5) 坂田和光（２０１６）「オリンピックと経済」、総合調査「２０２０年東京オリンピック・パラリンピック競技大会に向けた諸課題」、17―39頁。
(6) IOC, Olympic Marketing Fact File.

(7) リー・トンプソン（２０１７）「史上もっとも成功したメディア・イベント―アメリカにおける２０１６年リオ五輪のテレビ放送―」、『スポーツ社会学研究』25巻1号、21―33頁。
(8) NAB AMPLIFY (2021) Finally! NBC Olympics Gears Up for Its Coverage of the Tokyo Games. (https://amplify.nabshow.com/articles/nbc-olympics-is-gearing-up-for-coverage-of-tokyo-games/) ２０２１年12月12日閲覧。
(9) 朝日新聞、２０１１年6月8日付け。
(10) 日本経済新聞、２０１４年5月8日付朝刊。
(11) 須田泰明（２００５）「ジャーナリズム批判にみるメディアスポーツと娯楽性の一考察」、『びわこ成蹊スポーツ大学研究紀要』第2号、67―79頁。
(12) 須田泰明（２００２）『37億人のテレビンピック―巨額放映権と巨大五輪の真実』創文企画、黒田勇（２０１２）『メディアスポーツへの招待』ミネルヴァ書房など。
(13) United Nations Population Division (2021) (https://www.un.org/development/desa/pd/) ２０２１年12月18日閲覧。
(14) Federal Reserve Economic Data (2021) Gross Domestic Product. (https://fred.stlouisfed.org/series/GDP) ２０２１年12月20日閲覧。
(15) 早川武彦（２０００）「テレビの放送権料高騰と放送・通信業界の再編」、『一橋大学紀要』、30―41頁。
(16) 松瀬学（２００４）「メディアのオリンピック―肥大化する商業五輪」、『現代スポーツ評論』第10号、創文企画、20―33頁。
(17) 猪谷千春（２０１３）『ＩＯＣ―オリンピックを動かす巨大組織』、新潮社、78―79頁。
(18) 杉山茂&角川インタラクティブ・メディア（２００３）『テレビスポーツ50年　オリンピックとテレビの発展』、角川書店、１７８―１８６頁。
(19) 海老塚修（２０１７）『マーケティング視点のスポーツ戦略』、創文企画、17頁。
(20) NBC Universal (2021) Our history of National Broadcasting Company and Universal (https://www.NBCuni-

versal.com/history）２０２１年12月28日閲覧。

(21) American Broadcasting Company (2021) History Timeline of ABC（https://nocable.org/timeline/ABC-history）２０２１年12月28日閲覧。

(22) Columbia Broadcasting System (2021) History Timeline of CBS Corporation（https://nocable.org/timeline/CBS-history）２０２１年12月28日閲覧。

(23) New World Encyclopedia (2021) History of Fox Broadcasting Company（https://www.newworldencyclopedia.org/entry/Fox_Broadcasting_Company）２０２１年12月28日閲覧。

(24) 猪谷千春（２０１３）『ＩＯＣオリンピックを動かす巨大組織』、新潮社、84頁。

(25) 猪谷千春（２０１３）『ＩＯＣオリンピックを動かす巨大組織』、新潮社、91頁。

(26) 朝日新聞、２０２２年2月23日付朝刊。

(27) 石坂友司（２０２１）『コロナとオリンピック—日本社会に残る課題』、人文書院、43頁。

【本稿初出は『オリンピックスポーツ文化研究』№７（２０２２年６月）、共同執筆者が冨田幸祐氏です】

東京2020オリンピック・パラリンピック競技大会をめぐるメディアの関係性に関する一考察

―森喜朗・東京オリンピック・パラリンピック組織委員会会長辞任問題を事例として―

1．「女性蔑視発言」の森喜朗会長に関するメディア言説の過激化はなぜ？

東京2020オリンピック・パラリンピック競技大会（以下、「東京2020大会」）では、新国立競技場問題、エンブレム騒動、招致汚職疑惑、そして新型コロナ感染症拡大による開催延期と、多くのトラブルに見舞われ、その都度、メディアによる報道が過熱した。ただしマス・メディアの代表格ともいえる新聞は『朝日新聞』、『毎日新聞』、『読売新聞』、『日本経済新聞』、『産経新聞』、『北海道新聞』が東京2020大会のオフィシャルスポンサーに名を連ねる状況となり、ほとんど、「〝海外〟ニュースを淡々と報じこそすれ…だんまりを決め込んでいた」(1)。

一方で、インターネット上に広がるソーシャルメディアでは東京2020大会の話題が上がるたびに、その是非をめぐって活発な議論が展開された。例えば、2021年2月3日の東京オリンピック・パラリンピック組織委員会（以後、大会組織委員会）の森喜朗会長による「女性蔑視発言」に端を発する森会長辞任騒動は、情報が伝わるやいなや、ソーシャルメディアにおいても批判が噴出した。

この間、新聞、テレビ、週刊誌などのマス・メディアの報道に加え、特にツイッターでは、欧州の在日本大使館員による「#DontBeSilent（黙ってないで）」「#GenderEquality（男女平等）」のほか、ソーシャルメディア利用者の「#森喜朗やめろ」「#老害は消えろ」などのハッシュタグによるツイートがインターネット上で飛び交った。「女性蔑視発言」から8日後の2月11日に森会長は東京2020大会組織委員会会長の辞意を表明し、翌12日には引責辞任の会見を開いた。

林（2021）(2)は、森会長辞任騒動について、ソーシャルメディアでの発信が世論を動かしたと指摘している。一方で「オールド・メディア」の代表格である新聞はその第一報がほとんど「ベタ記事」(3)であったことからも「情けないのはオールド・メディアだ」として批判的に論じている。

マス・メディアとソーシャルメディアの相互関係による「間メディア空間」

NHK放送文化研究所による「日本人とテレビ」という調査がある。これは5年に1度実施されているもので、この項目の中で「メディアの効用比較」をみると、2015年調査（全国16歳以上の男女3600人を対象。有効率67・8％）では、「欠かせないメディア」としてインターネットの割合が増加している。2010年調査では14％だったものが、2015年調査になると23％となり、世の中の出来事や動きをする「報道」という項目では、2010年の9％から17％に増加している(4)。加えて、NHK放送文化研究所が2021年に公表した「2020年　国民生活時間調査」によると、2015年調査と比べ、1日にテレビを視聴する人が減少、インターネットを利用する人が増加しており、1日にインターネットを利用する人が国民全体で45％に増え、とくに16〜19歳では80％にのぼっている。人々のメディアとの関わりは大きく変容している(5)。

遠藤（2016）(6)は、現代のメディア環境を論じるには従来のマス・メディア、ソーシャルメディアなどが折り重なりながら相互関係にあることを念頭に置くべきであるとし、現代のメディア空間を「間メディア空間」と名づけて分析を行っている。従来のマス・メディアとソーシャルメディアの間の関係は佐藤（2014）(7)が2013年にアルジェリアで発生した日本人拘束事件に関し、実名報道を行ったマス・メディアに対する批判がインターネット上で展開されたことを分析した通り、相互的になっているといえよう。

伊藤（2013）(8)によれば、こうしたソーシャルメディアの広がりによって、社会的事象に対する情報の発信源が多様化し、その情報が共振的に広がっていくような構造に変容しつつあると指摘している。伊藤は2007年に起きたボクシングでの亀田親子の騒動を事例として、情報がネットを通じて高速性、拡散性、散逸性をもって飛び交う中で、テレビ、インターネットなどの複数のメディアが共振し情報の補完や改変、編集が行われるとする。そして、そこには「テレビとインターネットが同期的に作動するメディア空間」が新たに生み出されたとしている。それでは、メディアの時間性の違いはあれ、新聞報道とソーシャルメディアにおいても、何らかの関係性があるのではないだろうか。

本研究では、森会長辞任騒動を取り上げ、なぜメディア言説が過激になったのか、また新聞報道とソーシャルメディアの関係性について考察することを目的とする。

2. ソーシャルメディアが世論を動かすのか

東京2020大会における報道については日本の新聞や週刊誌、そしてソーシャルメディアにおいてどのように報じられていたのか、海外においてどのように報道がなされていたのかが取り上げられてきている。日本の新聞各社ついては、報道の内容から見える大会の問題点に対する肯定・否定のスタンス、世論調査に代表される数量的なデータの収集の仕方、そして新聞社が東京２０２０大会とどのような関係性にあったのかを通じて、東京２０２０大会の報道のあり方を見て取ろうとしているといえる。こうした研究からは、新型コロナウイルス禍の対応をめぐる世論の分断状況が生み出されていたことや、東京２０２０大会のスポンサーとなった新聞社が多い中で、東京２０２０大会に関する問題に対し、積極的に議論を行うことができていなかったということ、またソーシャルメディアでは東京２０２０大会に対し否定的な意見が多く見られ、メディアの中でも大きな役割を果たしたということを読み取ることができる（吉見(9)、佐野(10)、和田(11)）。

しかし、これらの研究は、新聞、ソーシャルメディアなどを別個に分析する形で、その特徴を捉えるという方法が取られている。新聞とソーシャルメディアといった、メディアそれぞれの相互関係はどうなっていたのだろうか。それぞれが別個の読者を想定し、独自のメディア空間を作っていたとは考えづらい。むしろさまざまなメディアが関係する中で、東京２０２０大会におけるメディアによる報道が形成されていったと考えることが妥当である。

そこで本研究では森会長辞任騒動を事例として取り上げる。林（２０２１）(2)が指摘するように、ソーシャルメディアでの発信が世論を動かした事例であり、情報伝達の動向を追いかけることで、新聞とソーシャルメディアの相互関係がどのような形で表れていたのか知る上で格好の素材と考える。またソーシャルメディアとしては、そこで、「大量」かつ「動的」なソーシャルメディアであるツイッターを調査対象とした。

3. ビッグデータ分析とインタビュー実施

本研究ではまず、森会長辞任騒動に関する新聞記事の収集を行った。全国紙である『朝日新聞』、『毎日新聞』、『読売新聞』の記事データベース「朝日新聞クロスサーチ」「毎索」「ヨミダス歴史館」を用いて、「森喜朗」と「森会長」「女性蔑視」「会長辞任」などのキーワードで新聞記事検索を行い、該当記事を収集した。収集期間は森喜朗会長が「女性蔑視発言」をした会議翌日の2021年2月4日から、森会長の引責辞任で騒動が収束する2月14日までの11日間の朝刊と夕刊とした。収集した該当記事はデータ分析ソフトを用いて内容分析を行った。大賀ほか（2017）⑿の内容分析に倣い、①論調、②メディア・フレーム（枠組み）という2つのコーディング・ルールを用いて分類。①については森会長の辞任について、「賛成（肯定）」「反対（否定）」「中立」に分類。②については記事内容を言及対象別に11のフレーム（差別、政治、国際社会、価値観、秩序、五輪、経済、責任、メディア、国民、個性）に分類した。

また、森喜朗会長に関連するキーワード「森喜朗」「女性蔑視発言」「会長辞任」などをインターネットでクローリングし、ソーシャルメディア分析ツールを使ってテキストデータを抽出した。これらには、リツイート（RT）が含まれている。RTは、意見の拡散を目的として他者のコメントを引用している。この拡散の特徴を利用し、組織的にRTを活用しているケースがあるため、今回はRTを集計対象外とし、いわゆるオリジナル・ツイートだけを対象とした。結果、「森喜朗」関連の書き込みテキストデータは、2月3日からインターネット上の炎上（批判や誹謗中傷の激増）が収束する2月15日までの13日間、マス・メディアの内容分析と同様、①のコーディング・ルール、②のフレームのキーワード、及び前述の「#DontBeSilent（黙ってないで）」「#GenderEquality（男女平等）」「#森喜朗やめろ」などのハッシュタグが付いたツイートの件数の時系列変化、「#森消えろ」など感情的なツイートの調査も実施した。

さらにまた、ツイッターからの影響の内実を探るため、倫理審査の承認を得た上で、2022年10月から11月にかけて、東京オリンピックの取材に携わった全国紙記者3人（朝日、毎日、読売）に半構造化インタビューを行った。なお、承諾を得て、インタビュー内容をICレコーダーで録音した。インタビューでは、とくにツイッターとの関係性に焦点を絞って音声データを集め、比較し、整理することで、新聞記者への影響の有無を検討した。

4．新聞記事の論調とツイッターの盛り上がり

森会長辞任騒動に関する新聞報道についてその論調と推移を確認する。調査期間（2月4日―14日の朝夕刊）において、『朝日新聞』で63本、『毎日新聞』で66本、『読売新聞』で64本が該当記事（酷似記事は除外）として抽出でき、合計は193本となった。記事の論調について時系列の推移を示したものが図1である。論調とは、当該記事が森喜朗会長の発言による引責辞任を肯定しているか否定しているかを判断するものである。引責辞任に賛成であれば「肯定」、反対であれば「否定」、中立的意見あるいはいずれにも言及していなければ「中立」というコードを付与した。

辞任を肯定する論調は2月5日と2月12日に急速な増加をみせている。2月3日午後に「女性蔑視発言」があり、2月4日午後には森会長による釈明会見が行われた。会見では辞任を否定したが、そのことが2月5日の辞任を求める記事の増加に結びついていると考えられる。2月12日が最大数となっているのは、その前日に森会長が辞意を漏らしたからだろう。2月12日の新聞の朝刊には一斉に「辞意表明」に関する多くの

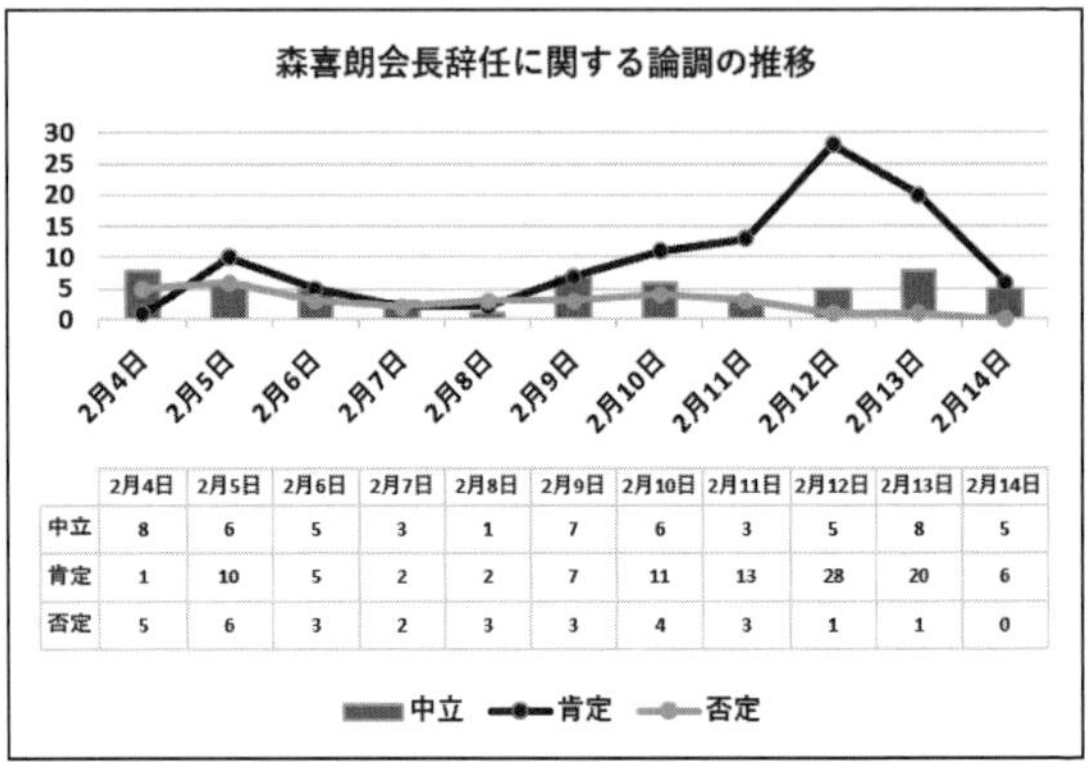

	2月4日	2月5日	2月6日	2月7日	2月8日	2月9日	2月10日	2月11日	2月12日	2月13日	2月14日
中立	8	6	5	3	1	7	6	3	5	8	5
肯定	1	10	5	2	2	7	11	13	28	20	6
否定	5	6	3	2	3	3	4	3	1	1	0

図１　森喜朗会長辞任に関する論調の推移

記事が掲載された。

続いてメディア・フレームによる分析である。該当記事１９３本を分析した結果、１９４２のセグメントを抽出し、54のコードに分類、さらに11のフレーム（差別、政治、国際社会、価値観、秩序、五輪、経済、責任、メディア、国民、個性）に分けることができた。（表１）

セグメント数でいうと、「辞任」（65個）や「謝罪失敗」（56個）などのコードからなる『責任』フレームが２９３個ともっとも多く、「女性蔑視」（１２９個）などの『差別』フレーム（２４７個）、「ガバナンス」（76個）などの『秩序』フレーム（２２９個）、自分の所属する集団（内集団）のメンバーに対して肯定的に評価する「内集団バイアス」（77個）などの『価値観』（２０１個）フレームが続いている。ここで注目したいのがソーシャルメディアのＳＮＳに関するセグメントである。例えば、『朝日新聞』の２月11日付の朝刊には、「「＃わきまえない女」共感　森会長発言に抗議　署名14万筆」との見出しの記事が掲載されていて、ツイッターにおける動向を記事化している。ツイッターなどＳＮＳの世論形成に関するものは１０６個を抽出することができた。

表1　メディア・フレームのコーディング結果

フレーム	個数	コード名	セグ数	フレーム	個数	コード名	セグ数
責任	293	辞任	65	政治	198	政治	101
		擁護	62			政府打撃	48
		謝罪失敗	56			東京都	26
		功績	45			権力	23
		謝罪	25	メディア	185	SNS	106
		釈明	22			非難	46
		失言	12			メディア批判	33
		説明責任	6	五輪	182	五輪打撃	71
差別	247	女性蔑視	129			五輪憲章違反	43
		男女平等	115			組織委対応	32
		人種差別	3			五輪不祥事	30
秩序	229	ガバナンス	76			安全安心	6
		透明性	67	国民	181	国民の怒り	77
		リーダー	40			ボランティアの怒り	49
		ラグビー協会	23			選手の怒り	32
		コンプライアンス	8			自治体の怒り	13
		効率性	5			震災復興	10
		秩序	4	国際社会	134	IOC	81
		インテグリティ	3			国際社会	43
		自律性	3			JOC	10
価値観	201	内集団バイアス	77	経済	68	スポンサー苦慮	67
		時代錯誤	33			富	1
		多様性	32	個性	24	覚悟	13
		公平性	18			家族	5
		ユーモア	12			協調性	4
		世代格差	12			人格問題	2
		多様性欠如	11				
		重要性	6	合計	1942		1942

ツイッターにおける発信数の山の動きは

ツイッターでは森会長辞任騒動に関してどのような動きが見られたのかを確認したい。ツイッターにおける「森喜朗」の書き込みテキストデータは、2月3日からネット炎上が収束する2月15日までの13日間で合計212・1万件にのぼった。そのうち、「森喜朗

&辞任（すべき）」は合計30・5万件、「森喜朗&続投」が合計7・2万件だった。図2は「森喜朗&辞任」と「森喜朗&続投」のツイート数の時系列の推移を示したものである。「森喜朗&辞任」に関する発信数は2月4日と2月11日、2月12日にかけて急速に増えている。2月4日の午後、森会長による釈明会見が実施されたが、この会見が逆にソーシャルメディア利用者の反発を受け、「森喜朗&辞任」のツイート数が4日に急激に増加したのだろう。また2月11日の五輪スポンサーの抗議声明、2月12日の辞意表明報道によっても、ツイッターにおける「森喜朗&辞任」の投稿が増加したと考えられる。一方、「森喜朗&続投」は対象期間において顕著な増減を確認することができない。

この他、ツイッターではハッシュタグ（#検索目印）を付けた投稿を森喜朗会長の「女性蔑視発言」に反応した欧州の在日大使館の職員が中心となって発信していた。先述した13日間の該当期間において、「#DontBeSilent」のツイート数が合計19・4万件を数え、このツイートを何人が見たかを示すリーチ数は世界で合計2億3千700万件にのぼった。また「#わきまえない女」のツイート数は合計18・9万件（リーチ数合計1億8千900万件）、「#森喜朗氏は引退してください」のツイート数が合計14・7万件

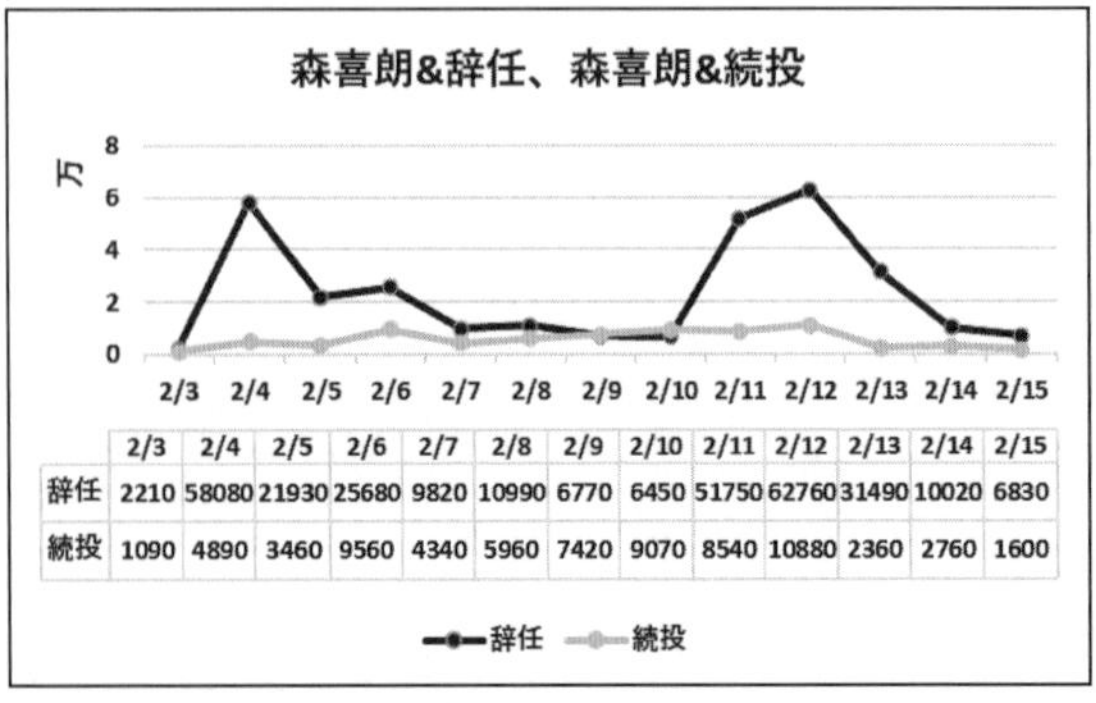

	2/3	2/4	2/5	2/6	2/7	2/8	2/9	2/10	2/11	2/12	2/13	2/14	2/15
辞任	2210	58080	21930	25680	9820	10990	6770	6450	51750	62760	31490	10020	6830
続投	1090	4890	3460	9560	4340	5960	7420	9070	8540	10880	2360	2760	1600

図2　森喜朗会長の辞任、続投に関するツイート数の推移

（同1億1千400万件）となり、投稿の増減を示すグラフで、ハッシュタグのついた投稿のツイート数とリーチ数の時系列の推移をみると、森会長辞任騒動の初動期に大きな山ができていることがわかる。（図3）

次に、テキスト内容を定量的に把握するため、すべての書き込みテキストのキーワードを、ネガティブ、ポジティブに分けて集計を行った。ネガティブのキーワードでもっとも多いのが、「森喜朗&女性蔑視」のツイートで合計30・0万件、「森喜朗&女性差別」で合計9・1万件、「森喜朗&老害」で合計5・4万件、「森喜朗&時代錯誤」で合計7530件、「森喜朗&粗大ゴミ」で合計4810件と続いた。ポジティブでいえば、「森

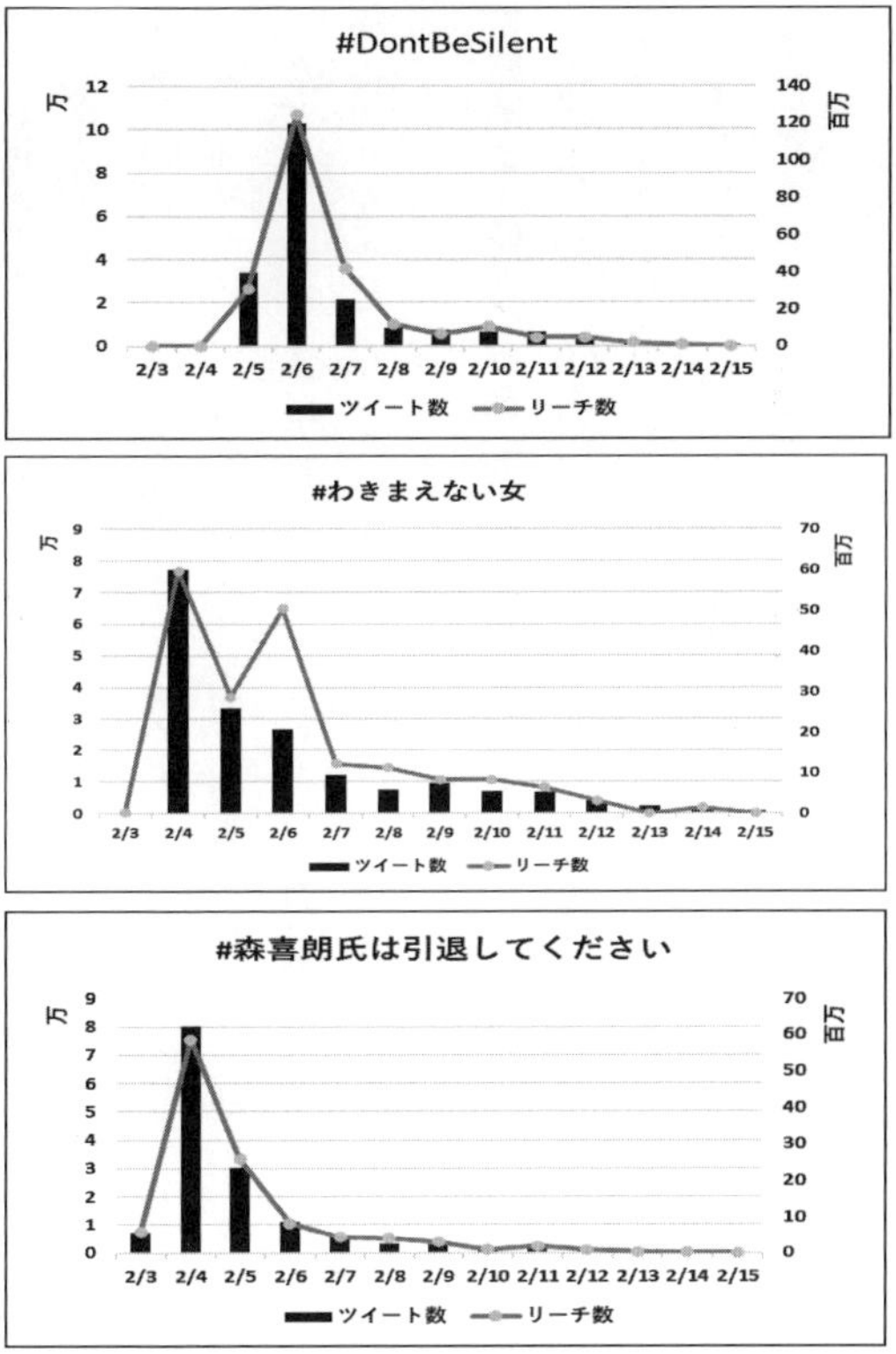

図3　森喜朗会長に関する#付きのツイート数（主軸）とリーチ数（第2軸）

喜朗&擁護」のツイート数は合計4・6万件、「森喜朗&功績」が合計1・9万件となった。ネガティブ・ワードの上位2つの「森喜朗&女性蔑視」「森喜朗&女性差別」を合わせると合計39・1万件、ポジティブ・ワードのそれの「森喜朗&擁護」「森喜朗&功績」を合わせると合計6・5万件となり、それぞれの合計数の時系列の推移は図4のようになった。

新聞記者へのツイッターの影響はどうなのか

新聞記者A氏（50歳代）、B氏（40歳代）、C氏（50歳代）の3人とも、今回の森氏の辞任騒動に関しては自らツイートをしていないが、ふだんからツイッターのテキストはチェックしていた。A氏は、森喜朗氏の「女性蔑視発言」があった会議をオンラインで聞いていた。

「森さんが会議の最後にあいさつし、なんか変なことを言っているなと感じました。問題発言になるかもしれないと。共同通信社の速報が流れると、ヤフー・ニュースの国内トピックスにこの問題発言が出てきました。僕の場合、ヤフーでだいたいのニュース価値がわかります。森さんの時は、ニュースの下にあるコメントを読んで、ああ、これはニュース的にでかくなりそう

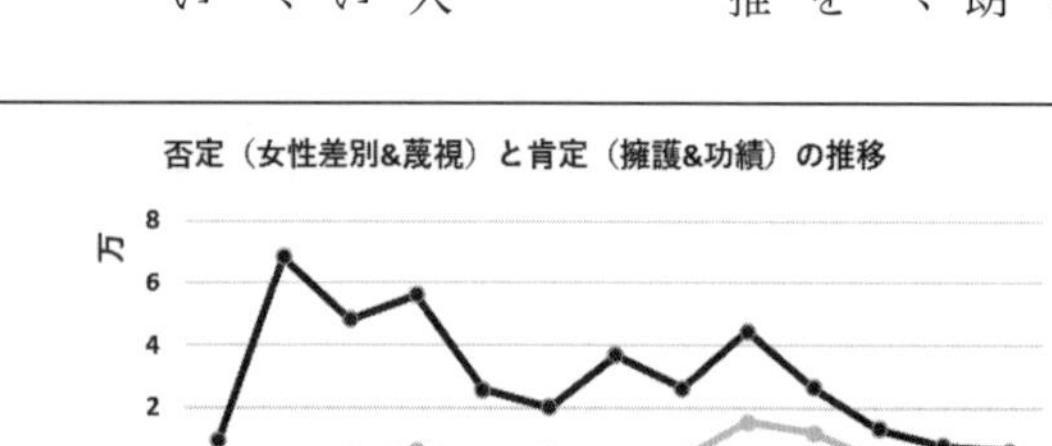

	2/3	2/4	2/5	2/6	2/7	2/8	2/9	2/10	2/11	2/12	2/13	2/14	2/15
女性蔑視&差別	9510	68390	48220	56290	25960	20070	37050	26270	44490	26720	13400	7750	6190
擁護&功績	180	1740	4220	6090	3710	4310	3770	3960	15580	12060	2940	3790	3150

図4　森喜朗会長発言の否定と肯定のツイート数の推移

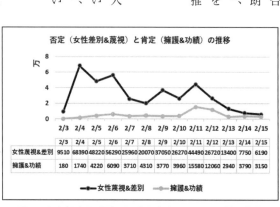

だなと感じました。あと、いつも海外メディアがどう報じるかも注意しています。あの時は、ニューヨークタイムズ電子版が割と早めに流しました。これが国際的なニュースとなったら、森さんの会長辞任までいくかもしれないと思ったものです。ツイッターは翌日あたりに確認したと思います」（Ａ氏）

Ｂ氏、Ｃ氏はともに森氏の問題発言の会議には出席せず、オンラインでも聞いてはいなかった。ただ、会議を取材した記者や同僚から連絡を受け、ネット検索などで情報収集を始めたという。

「日本オリンピック委員会（ＪＯＣ）の会議だから、ＪＯＣ担当記者が出ていました。その発言に関し、ＳＮＳは見ていた覚えがあります。ふだんはヤフーとグーグルでワード検索をかけていて、「五輪」とか「オリンピック」の言葉を拾えるよう設定していました。関連記事が、朝、メールで送られてくるんです。それをチェックした後、ツイッターでニュースの反応を見ていました。当時は、オリンピックに関していろいろな問題があって、〝抜いた・抜かれた〟があったので、かなり注意深くチェックしていました。大会に観客を入れるかどうか。コロナ対策をどうするか。基本的には、「オリンピックやめろ！」という論調が多くて、ツイッターの識者の意見などもチェックしていました」（Ｂ氏）

「僕は、あとで、森さんの生の声を録音で聞きました。確か、騒ぎになるまで、１日ぐらい、タイムラグがあったと思います。最初は会議に出ていた評議員の人たちも問題視していなかったのではないでしょうか。でも、ＳＮＳで炎上し、ＪＯＣの山下（泰裕）会長も、ＩＯＣも手のひら返しで慌て始めたのです。

我々は、建前上、ツイッターより、山下会長が問題視した、あるいはスポーツ庁が問題視した、IOCが反対の声明を出したといった事実を材料として記事を書きます。ツイッターで炎上しているというのは、一般紙の記者にとっては、二次的、三次的な要素なんです。一般紙としては、当局の見方、アクションが大事なんです。一般的には、ツイッターと世論は違うと思っています。ただ、(ツイッターを)無視はできなかった。世論の動向を図る尺度のひとつといったところでしょうか」(C氏)

3氏とも、自らツイートすることには消極的である。ただ実名でツイートしているため、新聞社の記者としての立場は隠せない。では、ツイッターに関し、会社から、何らかの規制は受けているのか。

「ツイッターを始めた頃は、すごく発信していたけど、会社が社員のツイートを見ている感じがしてきて、自由につぶやけなくなりました。個人のアカウントとはいえ、炎上するリスクがあり、○○新聞の記者がこう言っていると批判されることになります。だから、ツイッターに自分の意見を強く書くことはしないよう、ふだんから気を付けています。この点は社員にも濃淡があって、若い記者はそれで自分を売り込むんだという気持ちでツイートしているようです」(A氏)

「ツイッターは利用していますが、あんまりオリンピックに関するツイートはしていません。森さんに関する記事はもちろん書きましたけど、自分ではツイートはしなかったですね。ほかのスポーツ競技に関してはそれなりにツイートしているつもりですけど、オリンピックに関しては、炎上したり、反応されたりするのが面倒くさかったんです。ふだん、ツイッターは利用していますよ。同じ新聞社の記者の記事を発信したり、自分が気になったツイートには反応したりしています。主な使い方は自分の記事や同僚の記事を発信することですね。我が社の場合、個人のアカウントを、会社に届けています。会社から全部の投稿をチェックされることはないですけど、会社にはツイッターをやっていることは知られています」（B氏）

結局、記事を書く場合、ツイッターのテキストの影響を受けることはあるのか。あるいはツイッターの記事を参考にすることは。

「森さんの件では、ツイッターから影響を受けたという印象はありません。参考にした程度でしょうか。それはツイッターだけではなく、ヤフーコメントや他のSNSを通し、一般の人々がどうその問題をとらえているのか、雰囲気やニュアンスを感じることはあります。

ツイッターのトレンドやヤフーコメントのランキングなどから、世の中の空気を読みます。ツイッターで自分の考えが変わることはないけれど、それを見ながら、どうやってバランスのある記事を書こうかと考えています。大衆迎合的なことをやる必要はないという考えもあるでしょうが、世間にどういう意見があるのか見ないと鈍感な記者になるのではないでしょうか。こういう意見があるけど、違う意見もある、とバランスをとって考える必要があるでしょう。

ツイッターは火だるま式に炎上する場合があります。とくに誰かをたたくケースです。批判する論調が出てきた時は危ないので、そこは気を付けないといけません。今回は女性蔑視に関わる問題、しかもオリンピックでは多様性といっていたのになんだ、となりました。ツイッターにおける発信が、この騒ぎを大きくしたんでしょう。ツイッターのこわさはそこにあります。もしもツイッターがなければ、果たして森さんが辞任に追い込まれたかどうか、わかりません」（A氏）

「森さんの件に関し、ツイッターの意見をリツイートしたり引用したりしたことはありません。ただ、記事を書く際、ツイッターの影響は間違いなく受けていたと思います。オリンピックの話題では、森さんの問題が、世間で一番盛り上がっていたので、冷静な記事を書くよう心掛けていました。僕は記事を書く時、バランスが大事だと思っていますから。ただ新聞報道とツイッターの関係性はどうしてもあると思います。ツイッターの論調に引っ張られないよう心掛けてはいますけれど、一般論として、多くの記者がツイッターの議論に引っ張られるような記事を書いてしまいがちだと思います」（B氏）

「報道が新聞だけだったら、森さんは会長を辞めていない可能性はありますよ。SNS全盛の今だから、おそらく辞めることになったのでしょう。ツイッターを中心としたメディアの集中砲火を浴びたわけです。いまの世の中、いったん悪者になると、水に落ちた犬を最後まで沈めてギブアップというまで、たたくわけです。炎上文化ですよね。

僕自身はつぶやかないですけど、ツイッターはすごく見ていますね。ハッシュタグを含めて、興味があった時には検索しています。毎日、合わせると、1時間ぐらいは見ています。例えば、サッカーワールドカップの日本代表のメンバーが発表された時、その選考に対してどういった意見があるのか、チェックしました。ツイッターからの影響はゼロではないでしょう。当時の森さんの女性蔑視発言問題について、情報収集のひとつとしてツイッターのコメントは有益だったんじゃないかなと思います。森さんのケースも、ついツイッターを見てしまいました。森さんを批判する人だけでなく、擁護する人の気持ちもわかりますよね」（C氏）

これからの新聞報道とツイッターの関係性はどうなるのだろう。

「一般論として、新聞報道とツイッターとの関係性はありますね。新聞は、少しは影響を受けているでしょう。やっぱり、ツイッターに限らず、SNS上では、玉石混交のいろんな情報が乱れ飛ぶので、我々新聞社の記者は、どう正しく判断するかが求められていると思います。ツイッターに振り回されるだけじゃダメでしょ。新聞は、正しい方向性を示さなければいけませんよ。SNSやメディアの環境がこれからまた変わると思います。ツイッターはイーロン・マスク氏の買収によって社員の大量解雇に踏み切り、フェイスブックやインスタをやっているメタも大量解雇となりました。これからSNSメディアがどういうところに落ち着くのか、注意深く見ていかなければいけません」（A氏）

「ツイッターにはいいところもあると思います。今までは新聞とか、雑誌とかに記事を書いて、個人のブログやフェイスブックにその記事の紹介を書いていましたよね。でも、ツイッターは不特定多数の人とつながることができるメリットがあります。新聞を読まない人が増えている昨今、そういった人たちにも記事を伝えることができるという意味ではすごく重要なツールだと思っています。一方で、世の中を二分するような問題となれば、極端に物事が進んでしまいがちな傾向があります。もうちょっと冷静になる必要があります」（B氏）

「新聞とツイッターの関係が明確にあるといったところまではいっていませんが、一般論として、ツイッターの論調や矛先によって、新聞のトーンが形成されている場面があるのは否定しません。そこは、記者によって違いがあります。中には、姿勢がぶれる人もいますから。まだまだ、新聞とツイッターが共存してお互い高め合って、いい情報化社会を形成するのは難しいかなと思います。世間の信頼性はまだ違うでしょう。もしも今回の騒動で、森さんのご家族のことをひと言でも書いたら、その記者は新聞社をクビになりますよね」（C氏）

新聞通信調査会が２０２１年に実施した「第14回メディアに関する全国世論調査」（２０２１）(13)によると、新聞への信頼度は１００点満点中67・7点で、ツイッターなどのインターネットは49・2点だった（各メディアの情報をどの程度信頼しているかを、全面的に信頼している場合は１００点、全く信頼していない場合は０点、普通の場合は50点として評価）。ちなみにニュースとの接触情報については、インターネットのニュースが73・1％、新聞は60・6％となっている。

相対的に信頼度が高い新聞報道の今後の在り方はどうあるべきなのか。

「我々にとっては、新聞などのオールド・メディアがどう正しいことを伝えていくのか、それが一番の課題じゃないですか。世間の信頼度を維持するために、記者のモラルやニュースセンス、人権問題やジェンダー平等に対しての価値観が記者に求められる時代になっているのです」（A氏）

「新聞にはバランスをとって記事を書くという文化が残っています。僕らは新聞だけでなく、デジタル版でも記事を書いています。書き分けることもありますが、基本的には同じ趣旨の記事を書いています。紙の記事では、行間を読み取ってよ、といったところがあります。でも、デジタル版だと、ディテールまで書き込むことができます。デジタル紙面のほうが、自分の思いとか、取材してきたものを詰め込みやすい。デジタル記事は1本1本なので、それぞれに論調というか、自分の主張というか、記者の色が出やすいと思います。デジタル記事だと、文章を縮めたり、削ったりする部分が少なくて、記者の人間も出るんです。ただ両者とも、世間の信用性、信頼度は高いと思います」（B氏）

「新聞報道の場合、SNSと違って、社内のチェックが二重三重になっています。とくに紙の新聞は部数が減っていると言われていますが、そのまま、将来なくなるようなことはないでしょう。まだ昭和生まれの人にとっては、新聞に書いてあることは正しいと信頼度は高いはずです。ツイッターは、玉石混交です。もちろん、宝の情報もあるでしょう。僕らの取材のとっかかりになるケースもあります。ツイッターの情報を端緒にし、いわゆるスクープもあるかもしれません。かつての新聞社への匿名の電話とか、タレコミ的な情報をツイッターから探すというのはありですね。ツイッターを鵜呑みにすることはありませんが、おそろしく速報性は素晴らしい。新聞記者の取材意欲を刺激してもくれます。そういった意味で、新聞報道とツイッターは反発するのではなく、ツイッターの危険性を十分見極めた上で、互いの情報を補完するコンテンツになるかもしれません」（C氏）

まとめると、ほとんどの新聞記者がツイッターを利用しており、通常は自らもツイートしている。ただ、森会長の辞任騒動に関しては、ツイートすることは避けていたと考えられる。ツイッターは常時チェックしているため、ツイッターから何らかの影響は受けていると考えることもできる。

5．記事数とツイッター数の増減傾向、が連動

２０２１年２月に森会長辞任騒動をめぐる情報発信について、新聞による報道とツイッターによる発信を量的調査した。新聞記事のメディア・フレーム分析によれば、ソーシャルメディア・ＳＮＳの世論形成に関するセグメントが１０６個抽出されており、新聞における報道内容にはＳＮＳに関わるものも入っていたことが確認できる。ここからは新聞報道がソーシャルメディアの動向に注目していたことが分かる。より具体的に新聞記事との関連をみるため、新聞の論調の推移で確認した辞任を「肯定」する記事数の推移と、ツイッターの「森喜朗＆辞任」を含む投稿数の推移を比較する。（図５）

その発信数の増減傾向は同じような推移をたどっているのが分かるが、初動の部分に注目すると、ツイッ

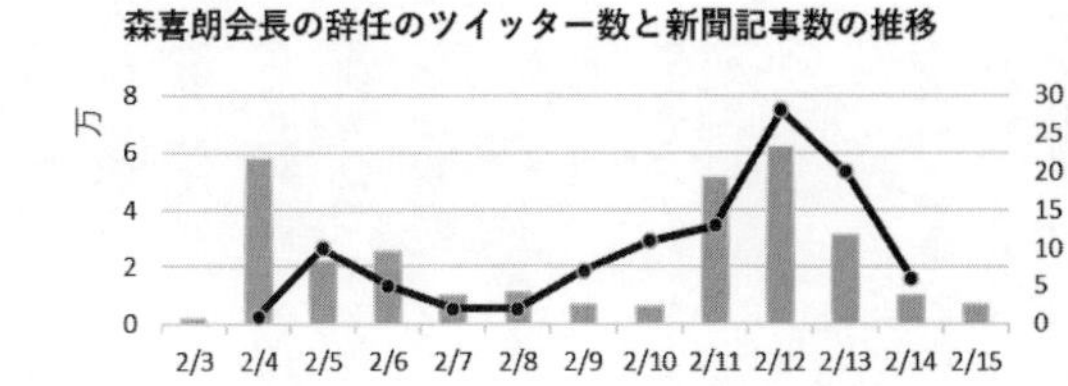

	2/3	2/4	2/5	2/6	2/7	2/8	2/9	2/10	2/11	2/12	2/13	2/14	2/15
ツイッター	2210	58080	21930	25680	9820	10990	6770	6450	51750	62760	31490	10020	6830
新聞記事		1	10	5	2	2	7	11	13	28	20	6	

図5　森喜朗会長辞任のツイート数（主軸）と新聞記事（第2軸）の推移

ターにおける爆発的な発信が際立っていることが分かる。新聞による報道量は2月5日と2月12日に大きくなっている。一方でツイッターでは2月4日、そして2月11日、12日に大きくなっていることが確認できる。新聞における論調は、ツイートの拡散により、急速に辞任を肯定する内容が多くなっているように考えられる。

つまり森会長辞任騒動は新聞などのマス・メディアのニュースサイト、ネットニュースなどで森喜朗会長の「女性蔑視発言」が報じられた直後、ツイッターの発信数が桁外れに跳ね上がり、その後、数日間にわたって延々とネット空間で発信、議論が続いた。その議論が一般社会にも影響を与え、さらにマス・メディアの論調を過激にしていった可能性もある。このように、森会長辞任騒動は新聞やソーシャルメディアが別個に発信や報道を行っていたわけではなく、量的には、両者が連動しながら、増幅されたとみることができる。

マス・メディアとソーシャルメディアの関係性が生み出すメディア言説の過激化

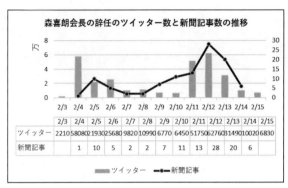

ところで、インターネット言説の多くは、ネット以外の言説同様、単体では個人の見解や意思の表明に過

ぎないが、ネット空間では集団行動や集合知といったものが現実社会以上に急速かつ広範囲に形成される傾向がある。ソーシャルメディアにおけるコミュニケーションが、しばしば極端な〈世論〉を生成する現象については、これまで多くの研究者が取り上げている。たとえば、Sunstein（２００１）(14)は、ソーシャルメディアを媒介にしたコミュニケーションが、自分用にカスタマイズした情報空間を個々人に提供することにより、類似した考えをもつ人々の間で議論が極端化し、サイバー・カスケード（付和雷同現象）が起こると警鐘を鳴らしている。すなわち、インターネットが社会のコミュニケーションツールとして深く埋め込まれた現代社会において、構造上、マス・メディアとソーシャルメディアの関係性がメディア言説の暴力的な糾弾を生みだす一因になっているとも考えられる。

本研究は、マス・メディアとソーシャルメディアの関係性を考察したものである。ただ、マス・メディアとしては新聞、ソーシャルメディアとしてはツイッターを抽出したにすぎない。今後は他のマス・メディアのテレビ、雑誌、他のソーシャルメディアのインスタグラム、フェイスブックなどにも調査対象を拡大すべきである。

加えて、インターネットにおける言説が〈世論〉形成に影響を及ぼすと考えるのであるならば、パソコンやタブレット、スマートフォンなどのデバイスによる比較検討も必要だろう。

【注・引用・参考文献】

（1）脇田泰子（２０２１）「五輪報道のうちそと」、岡崎満義・杉山茂・上柿和生編『東京２０２０―オリンピックの挽歌』、創文企画、63―74頁。

(2) 林香里（2021）「森氏発言、第一報はベタ記事の新聞も　差別性を認識させたのはSNSの声」、『週刊金曜日』2021年2月19日号、49頁。
(3) 新聞など、紙面の下方に載る一段分だけの小さな記事（新村出編（2008）『広辞苑第六版』、2528）。
(4) NHK放送文化研究所（2015）「日本人とテレビ・2015」調査結果の要約、「日本人とテレビ　2015」調査結果の概要について、2022年7月25日取得、https://www.NHK.or.jp/bunken/research/yoron/pdf/20150707_1.pdf.
(5) NHK放送文化研究所（2021）「2020年国民生活時間調査」結果概要、国民生活時間調査2020生活変化×メディア利用、2022年7月25日取得、https://www.NHK.or.jp/bunken/research/yoron/pdf/20210521_1.pdf。
(6) 遠藤薫（2016）「間メディア民主主義と〈世論〉―2016年都知事選をめぐるスキャンダル・ポリティクス」、『社会情報学』5（1）、1―17頁。
(7) 佐藤潤司（2014）「ネット空間におけるマスメディア批判言説の分析―アルジェリア人質事件の被害者実名報道を題材に」、『マス・コミュニケーション研究』85、185―204頁。
(8) 伊藤守（2013）『情動の権力：メディアと共振する身体』、せりか書房。
(9) 吉見俊哉編（2021）『検証コロナと五輪』、河出書房新社。
(10) 佐野慎輔（2021）「東京2020大会を支配した空気と報道スタンス」、日本オリンピックアカデミー編『2020＋1東京大会を考える』、メディアパル、194―211頁。
(11) 和田恵子（2021）「英米独仏メディアが報じた東京」、日本オリンピックアカデミー編『2020＋1東京大会を考える』、メディアパル。
(12) 大賀哲・山腰修三・三谷文栄・石田栄美・冨浦洋一（2017）「福島原発事故をめぐるメディア言説の変容」、『慶応義塾大学メディア・コミュニケーション研究所紀要』67、119―148頁。

（13）新聞通信調査会（２０２１）「第14回メディアに関する全国世論調査（２０２１年）」、２０２２年11月10日取得、https://www.chosakai.gr.jp/project/notification/。

（14）Sunstein, Cass R, 2003, Republic.com Princeton University、石川幸憲訳「インターネットは民主主義の敵か」、毎日新聞社、93―97頁。

【本稿の共同執筆者は冨田幸祐氏、加藤麟太郎氏です】

第4章

オリンピック考察選集／小田光康編

Ⅰ　五輪とジャーナリズムをめぐる公共性の倫理と商業主義の論理

１９８４年ロサンゼルス五輪大会を境に国際オリンピック委員会（ＩＯＣ）が商業主義化したとされる。五輪大会を維持発展させるには商業主義もやむを得ない面もあろう。ただ、その商業主義が過度に進行すると選手や開催都市に不必要な負担を強いるなど様々な問題が生じる。五輪大会の主催者であるＩＯＣや大会組織委員会（組織委）の商業主義化が、これらを報道するマスメディアに浸透した場合、商業主義化と汚職の歯止めがかからなくなる懸念がある。国内マスメディアの報道倫理には取材先との関係について「距離感を保って」「一線を越えない」とするものが散見されるが、この意味内容が曖昧模糊として判然としない。ここでは五輪とジャーナリズムをめぐる公共性の倫理と商業主義の論理について考察していきたい。

1．五輪ジャーナリズムの目的

まず、五輪ジャーナリズムについて考えたい。ジャーナリズムの存在意義は「社会の木鐸」「公権力のウォッチ・ドッグ」にある。これを五輪の取材報道に当てはめたものがその目的となる。ＩＯＣには理念を示したオリンピック憲章がある［ＩＯＣ、２０２１］。これにはまず、オリンピックは平和な社会を推進するためにスポーツを役立てることが目的とある。そしてスポーツ実践は人権の一つであり、オリンピック精神には友情、連帯、フェアプレーの精神とともに相互理解が求められる。しかもオリンピックに関わる各種スポーツ団体は政治的に中立を維持し、競技規則の制定や組織のガバナンスなど自律的な権利と義務を持つ。

このため、五輪ジャーナリズムの主目的は、オリンピック憲章に従ってＩＯＣや組織委が適切に五輪大会を運営しているかどうかを独立した立場から批判的に監視し、その実態を市民社会に誠実に伝えることにある。五輪ジャーナリズムの担い手となるのがマスメディアである。これは新聞社・通信社、放送局、出版社などがある。この特徴として、情報受容者である市民社会の公衆に対して公共的な情報を伝達することにある。ただし、マスメディアの多くは営利企業であり、その究極的な目的は利潤の最大化である。また、マスメディア内部には多様な機能や部門がある。ドラマやスポーツ中継などの番組制作部門と、政治や経済、スポーツの時事問題を扱う報道部門では目的が異なる。前者は自社やスポンサーへの私的な利益を主目的としており、後者は市民社会への公的な利益を主目的とする。本稿ではマスメディア内部の報道部門を報道メディアとの用語を用いる。ここで、マスメディアの商業主義的な経営方針によって、報道メディアとしてのジャーナリズムの公共性が歪曲される場合もあることを留意したい［内川・新井、１９８３］。

マスメディアの形態によって五輪取材報道の関わり方が異なる。テレビ局は通常、各国ごとにＩＯＣと放送権契約が結ばれる。これは取材先とマスメディアの間に利害関係が生じ、その結果、市民社会に対する公共的な利益よりも、両者間の私的な利益の追求が優先される懸念が生じる。これが五輪におけるマスメディアの商業主義につながるのである。例えば２０１４年、ＮＨＫと日本民間放送連盟加盟社は共同でＩＯＣから２０１８年から２０２４年までの五輪４大会の放送権を合計１１００億円で獲得した。うち東京五輪は６６０億円であった［民放連、２０１４］。つまり、これら放送局は関連費用を含め放送権料以上の収入が求められるのである。

一方で、新聞社や通信社は五輪大会主催者からの経済的な契約関係を挟まない取材報道の許可制を取り、五輪大会主催者と経済的な利害関係を結ぶことは原則的にない。ただし、例外的な事例が東京２０２０オリンピック・パラリンピック競技大会（東京五輪）の組織委と結んだ「新聞」カテゴリーでのスポンサー契約であった。

2. 東京五輪組織委と報道メディアとの利害関係

まず、東京五輪の組織委の特徴について観察したい。これは２０１５年に東京都と日本オリンピック委員会（ＪＯＣ）が現金1億5千万円ずつ折半出資した公益財団法人である。公益財団法人の趣旨に従って東京五輪組織委は積極的かつ詳細な情報開示のガイドラインを設けている［組織委、２０２１ａ］。公益性が高く国民への情報開示が求められる公益財団法人としての組織委に対して、国民の負託を受けてその情報収集と監視をするのが報道メディアの役割である。次に組織委とこれを取材対象とする調査対象の新聞社の利害関係について観察したい。この利害関係は組織委とのスポンサー契約と組織委への記者の委嘱の２種類がある。

まず、組織委とのスポンサー契約という利害関係である。２０１６年、朝日新聞社、読売新聞東京本社、毎日新聞社、日本経済新聞社の新聞社4社（五輪新聞4社）が最上位から2番目のオフィシャル・パートナーに、その後の２０１７年、産業経済新聞社と北海道新聞社の2社が同様に3番目のオフィシャル・サポーターに、それぞれ契約を締結した［電通報、２０１６・１・22、電通報、２０１８・１・５］。

五輪スポンサー契約は「一業種一社」を原則とするが、組織委とＩＯＣと協議の結果、東京五輪では特例として「一業種複数社」が認められた。五輪新聞4社の契約では東京五輪の日本選手団のパートナーとして、呼称の使用権、マーク類の使用権、商品／サービスのサプライ権、大会関連グッズ等のプレミアム利用権、大会会場におけるプロモーション、関連素材の使用権の権利行使含まれた。スポンサー契約締結時、朝日新聞社のみが「公正な報道を貫き、平和でより良い社会を目指す大会の理念に共感し、協力したい（渡辺雅隆社長）」と、報道メディアとしての立場を表明した。ただし、組織委は詳細な契約内容は守秘義務のために開示を拒否した［平田ら、2016］。

次に組織委への記者の委嘱という利害関係である。東京五輪組織委は公益財団法人であり、その職は公職として扱われる。組織委内部には「大会を成功に導くための諸課題についてメディアの視点からアドバイスや検討をする」ことを目的にしたメディア委員会が2014年9月に設置された。委員長にフジ・メディア・ホールディングスの日枝久代表取締役会長、副委員長に共同通信社の石川聡相談役をはじめ、前述の五輪新聞4社や時事通信社、在京テレビキー局のスポーツ担当幹部ら計39人で構成された。この委員の中には、組織委を取材する報道記者が複数含まれた。例えば、読売新聞東京本社編集委員、日本テレビ報道局社会部専門副部長、日本経済新聞社編集局運動部編集委員、毎日新聞オリンピック・パラリンピック室委員兼編集局編集委員、時事通信社神戸総局長、エフエム東京編成制作局報道・情報センター部長らである［組織委、2021b］。これらの報道記者は自らの取材対象の内部関係者であるため、市民社会に対する誠実かつ公正な報道を期待するのは難しい。

3．電通とマスメディアの相互依存関係

また、東京五輪にからむ五輪スポンサー選定での受託贈収賄事件やテスト大会の談合事件では、電通と一体化した組織委とマスメディアの相互依存関係が問題とされた。これら事件の首謀者として逮捕された組織委の高橋元理事は電通の元専務で、五輪やサッカー・ワールドカップ（W杯）など世界的なスポーツ・イベントに長く関わってきた。国内主要メディアは「スポーツ・ビジネスのドン」とあがめ、そして恐れてきた［読売、２０２２・８・18、夕刊フジ、２０２２・８・18］。

組織委と電通の関係は深い。組織委の中枢には電通からの多くの出向者が占め、組織委のマーケティングは電通に一任された［電通報、２０１４・４・17］。トーマス・バッハ氏はＩＯＣの会長就任直後、東京五輪のスポンサー目当てで東京港区にある電通本社に来社したほどだ［電通報、２０１３・11・22］。まさに東京五輪は電通抜きでは成立しえない「電通五輪」の様相を呈していたのである。また、国内の新聞社やテレビ局のマスメディアはその広告代理店としての電通との関係も深い。その関係の深さから新聞社やテレビ局が電通の不祥事に切り込めない、切り込まない「電通タブー」が存在するとも指摘されている［本間、２０２１、週刊金曜日、２０１８］。

五輪新聞４社は五輪開催都市の東京に本社を置き、全国紙として影響力が大きい。組織委と電通、そして五輪新聞４社が一体化したこの構図は、東京五輪に関わる公権力や経済的な権力へのジャーナリズムのチェック機能不全を如実に示していた。過去の五輪大会では聖火リレーなど一部イベントのみへの協賛は除き、報道機関である新聞社が組織委とスポンサー契約を結ぶことはなかった。この危機感を反映して、スポンサー契約締結から１週間後の朝日新聞の紙面には読者からの懸念の声が掲載された。

朝日新聞社、日本経済新聞社、毎日新聞社、読売新聞東京本社の４社が、２０２０年東京オリンピック・パラリンピックの大会スポンサーである「オフィシャルパートナー」契約を結んだというニュースに衝撃を受けた。４社は主催者側に立って、大会のＰＲ担当を務めるということにならざるを得ないのではないか。（中略）東京五輪をめぐる様々な問題の追及や議論をリードしてもらわなければならない新聞社が、オフィシャルパートナーとは。朝日新聞は「報道の面では公正な視点を貫きます」としているが、スポンサーになること自体、すでに公正な立場ではないと思う。今後の報道を厳しく注視したい。

［朝日、２０１６・１・29大阪本社版朝刊『声』欄］

組織委は公金で運営されたスポーツ界の公権力である。これを独立した立場から批判的に監視し、その内実を誠実に市民社会に伝えるのが報道メディアの使命である。組織委との利害関係が五輪新聞社の筆を鈍らせる結果に陥ったことはなかったのか。ジャーナリズムの公正性を担保する要因として報道メディアや記者の独立性が挙げられる。これをめぐってジャーナリズム倫理の中では大別して二つの概念がある。一つは国内で頻繁に用いられる「編集権の独立」概念で、もう一つが主に英国や米国で用いられる「ジャーナリズムの独立」概念である。ここでまず、それぞれの概念的特徴を見ていこう。

4．編集権の独立

「編集権の独立」概念はマスメディア内部に存在する報道メディアによる編集方針の自律的な決定権を示す。これはマスメディアの外部や経営陣から、報道メディアの自律した編集行為への干渉を拒絶する宣言として捉えられている。この概念は第二次世界大戦直後の連合国最高司令官総司令部の報道規制が発端となり、マスメディア外部に対する抵抗権として生まれた。日本新聞協会の1948年の「編集権声明」では、編集権について「新聞の編集方針を決定施行し報道の真実、評論の公正並びに公表方法の適正を維持するなど新聞編集に必要な一切の管理を行う権能」と定義した。そして、編集権の行使者は「経営管理者およびその委託を受けた編集管理者」とされた［西村、1950、村上、2005］。

ここで問題となったのがマスメディア内部での経営側と報道メディア側での編集権をめぐる主導権であった。報道メディア側は、ドイツ由来のジャーナリズム概念の一つであり、報道メディアの編集の権限保障と記者個人の信条に反する記事編集を強制されない保障を示す「プレスの内部的自由」を根拠に、報道メディアによる編集権の独立を主張した［浜田、1990］。新聞社など報道業界の団体である日本新聞協会が2000年に取材報道の倫理を定めた新聞倫理綱領の「独立と寛容」の条項には「新聞は公正な言論のために独立を確保する。あらゆる勢力からの干渉を排するとともに、利用されないよう自戒しなければならない」とある［新聞協会、2000］。「編集権の独立」と「プレスの内部的自由」の概念的な特徴として、束縛や強制をされずに自分の意のままに振る舞うことができる自由の観念が通底する。

5．ジャーナリズムの独立

一方、米国を中心に発達した「ジャーナリズムの独立」概念は取材記者や報道メディア自体の外部に対する第三者性の情報開示とその説明責任についての規範である。この概念はジャーナリズムの公正性や客観性の概念が土台にある。例えば、米国の代表的なジャーナリズム倫理規則集として知られる『ジャーナリズムの原則』では「ジャーナリズムに従事する者はその取材対象からの独立を維持しなければならない」「ジャーナリズムは独立した権力監視役として機能すべきである」と、取材対象に対する報道メディア及び記者の第三者性が原則の一つとある。ただし、「ジャーナリズムの独立」はジャーナリズムの中立性を意味しないことに留意すべきである。また、これは記者の市民社会への誠実性と関連付けられ、情報開示と説明責任から成る透明性の概念に関連する［Kovach & Rosenstiel, 2001］。このように米国の「ジャーナリズムの独立」は報道メディアと記者の取材対象への第三者性とその透明性といった内容のジャーナリズムの主要な倫理として位置づけられる。

この具体的な規範として米国のジャーナリストの職業団体であるソサエティ・オブ・プロフェッショナル・ジャーナリスト（ＳＰＪ）の倫理規定では「ジャーナリストの独立した行動」という条項で「ジャーナリストはその独立性を危険にさらすような活動や関与を一切行わない」と定めた。そして、「実際の、あるいは事実上の利益相反を回避する。避けられない利益相反は開示する」と、透明性を担保する要件が定められている。また、「政治的活動やその他の外部活動を回避すること。これらの活動はジャーナリストとしての誠実性や公平性を損ない、または信頼性を損なう可能性がある」「会員がいかなる政治活動にも関与することを推奨しない」と政治的な第三者性を確保することを定めた［ＳＰＪ、２０１４］。

6．五輪新聞社４社の独立性をめぐる報道倫理

以上から記者や報道メディアの独立性を係る倫理として、記者の内心的な自由や報道メディア外部への抵抗権の概念に由来する「編集権の独立」と、ジャーナリズムの公正性や客観性に由来する「ジャーナリズム

どのように五輪新聞社4社の倫理綱領や記者行動基準に反映されているのか検討する。「編集権の独立」と「ジャーナリズムの独立」の倫理が、どのように五輪新聞社4社の倫理綱領や記者行動基準に反映されているのか検討する。

朝日新聞社

まず、朝日新聞社の倫理綱領から検討する。1952年に制定された「朝日新聞綱領」にはこれらに関連する内容に「不偏不党の地に立って言論の自由を貫き…」とある「朝日新聞社、1952」。また、「朝日新聞記者行動基準」には「朝日新聞綱領は、権力から独立し、言論の自由を貫き、正確で偏りのない敏速な報道によって、民主国家の完成と世界平和の確立に力をつくすことを宣言している」「特定の個人や勢力のために取材・報道をしてはならず、独立性や中立性に疑問を持たれるような行動をとらない。事実に基づく公正で正確な報道に努める。いかなる勢力からの圧力にも屈せず、干渉を排して、公共の利益のために取材・報道を行う。取材先と一体化することがあってはならず、常に批判精神を忘れてはいけない」とある。

また「取材先との付き合い」の条項では、「1．取材先の信頼を得ることは必要だが、取材先と一体化したり、読者から記者の中立性や報道の公正さに疑念を持たれたりすることがあってはならない。2．取材先の信頼を得ることに努める一方、取材先とは一定の距離を保ち続けることを忘れてはいけない。これは権力取材に限らない」とある。一方、透明性に関して「読者の信頼を得るために、説明責任を果たすように努める。どういう取材のもとに得られた情報か、読者に説明できるように努めなければいけない」と定めた「朝日新聞社、2006」。これらから、朝日新聞社の記者倫理には、「編集権の独立」と「ジャーナリズムの独立」双方の内容が反映されていることが分かる。

読売新聞東京本社

　読売新聞の記者行動規範では「取材・報道に当たり、社外の第三者の指示を受けてはならない。また、特定の個人、団体の宣伝や利益のために事実を曲げて報道してはならない」と定めている。また取材対象との関係性について「報道目的で得た情報は、読売新聞の報道およびそれに付随した活動以外に使ってはならない。（中略）また、経済的利益であれ、それ以外の利益であれ、本人、家族、親族、知人に利益を与えることを目的に記事を書いてはならない」や「報道の公正さを疑われるような利益の提供は受けてはならない」などと定めている［読売新聞社、２００１］。読売新聞の報道倫理には「編集権の独立」の内容が見られるものの、「ジャーナリズムの独立」に関連内容は見当たらない。

毎日新聞社

　毎日新聞社の編集綱領には「あらゆる権力から独立し、いかなる不当な干渉も排除する」と示されている。また「毎日新聞は社の内外を問わず、あらゆる不当な干渉を排して編集の独立を守る」と記されている。さらに、「毎日新聞の記者は、編集方針にのっとって取材、執筆、紙面制作にあたり、何人からも、編集方針に反することを強制されない」とある［毎日新聞社、１９７７］。毎日新聞には報道メディアを主体にした「編集権の独立」の内容が特徴的である一方、「ジャーナリズムの独立」に関連する記述は見当たらない。

日本経済新聞社

日本経済新聞社の行動規範には、「取材・報道に際しては、中正公平に徹し、編集権の独立を堅持し」と、「編集権の独立」についての記述がある。一方、「ジャーナリズムの独立」に関する記述は無い［日本経済新聞社、２０２０］。

以上から朝日新聞社を除いて五輪新聞４社の取材対象に対する関係性に関する報道倫理は「編集権の独立」概念が主体となっていることが分かる。「編集権の独立」概念は明治期からの「独立不羈」概念と重なり合う。独立不羈とは「他人の拘束から完全に自由である状態」を意味し、必ずしも取材対象への第三者性と市民社会への透明性を含意しない。これは「プレスの内部的自由」に由来する報道メディア内部の自律的な編集権限と外部環境に対する自由権・抵抗権として捉えられている。しかも、国内では取材対象に対する第三者性が「編集権の独立」と同一視される傾向がある。つまり、「編集権の独立」概念は公共の利益に対する責任と義務の関係が曖昧で、これが市民の知る権利やアクセス権への対抗要件ともなり得るのである。

この実相が五輪新聞４社による東京五輪の組織委とのスポンサー契約と内部組織「メディア委員会」への人材委嘱である。いずれの新聞社も報道倫理規定で「編集権の独立」を謳う一方で、利害関係を結んで取材対象と一体化につながる外観を呈していた。この構図は公器としての報道メディアを内製化した営利企業としてのマスメディアの構造的な矛盾に起因する。ここでは「編集権の独立」を弁明として、組織委とのスポンサー契約や記者委嘱による利害関係の構築という「ジャーナリズムの独立」を損なう行為が等閑視されたのである。以上から国内報道メディア界には取材対象への第三者性とその透明性を定める「ジャーナリズムの独立」概念が希薄であることがうかがえる。これは私的な利益と公共的な利益を同時に追求するマスメディアの構造上の問題といえよう。

ただし報道メディアの報道活動には真実性と客観性、正確性という規範が伴い、市民的自由ないし民主主義のための公権力の監視・警報装置としての役割が負託されている。このため、報道メディアは公権力からの独立が必要条件となる。公権力の監視の負託を受けた報道メディアと市民社会の間では通常、報道メディアの編集の倫理や方針に関する情報の非対称性が存在する。営利企業を母体とする報道メディアは必ずしも市民社会への公的な利益を最大化するとは限らず、むしろ利己的行動をとる可能性もある。従って、情報の非対称性を補填し、報道メディアが健全に機能するためには、報道メディアの第三者性に関する透明性も求められるのである。

五輪新聞４社の組織委とのスポンサー契約やメディア委員会への人材委嘱はジャーナリズムの独立性倫理に抵触する可能性がある。しかも、五輪ジャーナリズムの目的から逸脱した報道メディアの行為につながる状況を生成する危険性もある。次に、これまでの五輪招致で常に発生してきた買収問題に焦点を当てて、五輪とメディアの利害関係に関係する問題について検証していきたい。

Ⅱ　五輪とメディアの利害関係の系譜──招致買収問題を中心に

五輪招致をめぐってＩＯＣや組織委など五輪大会主催者と報道メディアとの利害関係が様々な問題が浮上してきた。例えば、１９９８年冬季五輪の招致では長野五輪招致委員会と、それを応援する地元の信濃毎日新聞社が一体化した癒着関係が明らかとなった［相川、１９９８］。東京五輪でも招致段階からＩＯＣ

最大の収入源である米国NBC放送局の意向で、競技に適さない真夏に開催時期が決定していた［本間、2021］。東京五輪の場合、6つの新聞社が組織委とスポンサー契約を締結し、利害を共にすることになった。これについて朝日新聞社は「言論機関としての報道は一線を画します」、読売新聞社は「報道機関としての独立性を欠いたことも一切なく、今後もない」と反論したのである［平田ら、2016］。

東京五輪のスポンサー選定をめぐり、東京地検特捜部は2022年8月17日、東京五輪組織委の高橋治之元理事を受託収賄容疑で逮捕した［朝日、2022・8・18］。2022年8月末時点までに明るみに出た東京五輪にまつわる高橋氏の疑惑と事件は大きく分けて2点ある。一つはこの五輪スポンサー選定での事件（五輪スポンサー事件）。もう一つが、フランス検察当局の捜査による招致段階でのIOC委員の買収疑惑（五輪招致疑惑）である［毎日、2020・4・1、日経、2020・4・1］。

こうした中、五輪新聞4社は五輪スポンサー事件を「五輪汚職事件」と表記した。理由は不明だが、あえて「スポンサー」の文字を伏せ、自社への問題の焦点化を避けているようであった。組織委は高い透明性が求められる公益財団法人であるにも関わらず［組織委、2021a］、公器と公言する五輪新聞4社は組織委とのスポンサー契約内容をほぼ非公開にした。五輪新聞4社は組織委との利害関係をひた隠しにしながらこれら2つの疑惑・事件を報じていたのである。はたして、五輪新聞4社は五輪ジャーナリズムの目的に従って、IOCや組織委を独立した立場から監視し、ジャーナリズムの公正性を失うこと無く、市民社会に向けて誠実な取材報道を果たしえたのだろうか。

東京都は2016年と2020年の夏季五輪それぞれの大会招致をした。この2つの招致活動の混同を避けるため、2006年11月に発足した五輪招致委員会（会長：石原慎太郎都知事、2006年―2009年を「２０１６五輪招致委」、２０１１年11月、再度の夏季五輪大会招致のために設立された五輪招致委員会（会長：石原慎太郎都知事、理事長：竹田恆和ＪＯＣ会長、２０１１年〜２０１４年）を「２０２０五輪招致委」と表記する。以下で東京五輪の招致疑惑の系譜を追ってみたい（表１）。

1．東京五輪の招致疑惑にからむ人物と組織

五輪招致疑惑にからむ人物や組織として、中心人物の国際陸上競技連盟（国際陸連）の元会長でＩＯＣ委員でもあったラミーヌ・ディアク氏、組織委元理事で電通の元専務であった高橋治之氏、そして電通が出資したスイスのスポーツ・マーケティング関連企業であるインターナショナル・スポーツ・アンド・レジャー（ＩＳＬ）社と、その承継企業であるアスレティックス・マネジメント・アンド・サービシズ（ＡＭＳ）社、そしてこの疑惑の舞台になったシンガポールのブラック・タイディングズ（ＢＴ）社が挙げられる。

五輪招致疑惑は根深い。この疑惑の焦点となる人物がラミーヌ・ディアク氏である。セネガル出身のディアク氏は１９９９年11月から２０１５年８月まで国際陸連会長を務めた。また、１９９９年から２０１３年までＩＯＣ委員を務め、退任後はＩＯＣ名誉会員となった。２００７年秋には世界陸上大阪大会開催など日本でのスポーツ発展に貢献したとして、日本政府から旭日大綬章を叙勲した［外務省、２００７］。だが、ディアク氏の経歴には資金洗浄や贈収賄といった汚職事件が常にまとわりついた。国際陸連会長とＩＯＣ委員就任以前の１９９３年には国際陸連のマーケティング契約をめぐって租税回避地スイスにあったＩＳＬ社から賄賂を受け取っていた。これが後に発覚し、ディアク氏は２０１１年にＩＯＣから警告処分を受けた。

ディアク氏はこの処分を受けた２０１１年にも、資金洗浄がからんだ汚職事件を引き起こしていた。ロシ

表1　東京五輪の招致疑惑の系譜

日付	概要
1982年	アディダスの元会長と電通と共同でISL設立。FIFAやIOC、IAAFと関係
1985年	トーマス・バッハ氏、アディダス国際関係局責任者就任、元会長の誘いで
1991年	バッハ氏、IOC委員に就任
	高橋氏、ISL事業局、電通東京本社スポーツ・文化事業局次長、企画開発部長
2001年	ISL破綻、1億5300万ポンドの負債。FIFA会長らへ賄賂が1992年から2000年まで
2004年	高橋氏、電通副社長（専務）
2006年	2016東京五輪招致委員会設立（会長、石原慎太郎都知事）
2008年	北京五輪開催（8月8日～8月24日）
2009年	2016年夏季五輪大会、リオデジャネイロに決定
2011年3月	高橋氏、電通を退職
9月	2020年東京五輪招致委員会設立（会長、石原都知事、理事長、竹田恆和JOC会長）
	同委評議委員に元朝日専務、元朝日社長、毎日専務が就任
11月	招致委、電通と「スポンサー集めの専任代理店」契約
2012年10月	「五輪招致書類、都が紛失　前回活動費、8事業18億円」と報道
2013年7月	招致委、BT社に2.3億円のうち9500万円を送金
9月	東京、2020年夏季五輪招致成功、トーマス・バッハ氏がIOC会長に選出
10月	招致委、BT社に成功報酬として1億3500万円送金
11月	バッハ会長初来日、電通本社で財界と懇親会
2014年9月	組織委内部にメディア委員会設置、39人　日経、毎日、読売は五輪担当記者
2015年11月	WADA報告書、ロシア陸連に資格停止処分勧告
2016年1月	新聞4社が組織委のオフィシャルパートナーに
5月	東京五輪招致で「金銭授受」、電通子会社関連のコンサルタント通じと、海外報道。
	招致委幹部「招致委として支払うことはあり得ない」、関係者「招致委外部に別動部隊」
	BT社が「コンサルタント料」13万ユーロ（約1600万円）で高級腕時計購入
8月	リオデジャネイロ五輪開催（5日～21日）
9月	JOC「追加調査せず」　仏検察の捜査続く　コンサル契約
2017年1月	東京地検特捜部が仏の捜査共助要請に基づき、竹田氏らを任意聴取
9月	リオ五輪と東京五輪、ブラジル司法当局がディアク息子に多額の送金と結論
10月	ディアク氏の東京への投票とりまとめメール発覚、と仏紙ルモンド
2019年1月	竹田会長　仏が本格捜査（予審手続き開始）　東京五輪招致　汚職疑い
	シンガポール地裁、虚偽説明でタン氏に禁錮１週間の有罪判決
2020年3月	ロイター通信、高橋氏の五輪招致疑惑で実名報道
9月	パリ裁判所、ディアク氏に禁錮４年、罰金6200万円の判決
2021年7月	東京五輪開催（7月23日～8月8日）
12月	五輪新聞4社が組織委スポンサー契約終了
2022年6月	組織委解散
7月	読売、スポンサー選定疑惑で高橋氏の実名報道
8月	東京地検特捜部、高橋氏を収賄容疑で逮捕

ア代表陸上選手団のドーピング問題を隠蔽する見返りに、ディアク氏は100万ユーロ以上の賄賂を受け取っていた。2015年にフランス捜査当局の捜査でこの問題が発覚し、ディアク氏はIOC名誉会員を辞任した［Guardian, 2015.11.11、朝日、2015・11・12］。

2016年夏季五輪招致にからむ収賄容疑でフランス検察当局に起訴された息子のパパマッサタ・ディアク氏は2023年1月現在、国際刑事警察機構に指名手配されている。一方、贈賄側のリオデジャネイロ五輪組織委のカルロス・ヌズマン会長は2021年11月、ブラジルの裁判所から禁錮30年の判決を受けた［日経、2021・11・27］。そして国際陸連関連の贈収賄疑惑から飛び火するように、フランス検察当局の捜査線上から2016年、ディアク氏がからんだ東京五輪の招致疑惑が浮かび上がったのである。

ディアク氏のカウンター・パートナーが高橋治之氏であった。高橋氏は電通スポーツ部門の立役者として知られ、ISL社の事業を率いてサッカーW杯や世界陸上など多くの世界的なスポーツ・イベントに携わってきた［日経、1992・12・10］。また、2020五輪招致委の「スペシャル・アドバイザー」という別働隊として大きな役割を果たしていたのである［産経、2022・8・18］。

ISL社は電通と大手スポーツメーカー、アディダスの元会長が1982年、スイスに設立した合弁会社でIOCや国際陸連、国際サッカー連盟（FIFA）のマーケティングや放送権で利権を握った。だが、これらの取引で多くの不正を繰り返し、2001年に経営破綻した。ただし、電通は1995年にISL社の株式を手放していた［田崎、2016］。ISL社破綻後にその継承企業として元従業員を集め、電通が出資して設立されたのがAMS社であった。そして2019年、フランス検察当局が東京五輪の招致疑惑でAMS社を捜索した［ロイター、2019・8・28］。この招致疑惑の舞台となったのがBT社である。

シンガポールの音楽学校の事務員だったタン・トンハン氏が2006年、租税回避地として知られるシンガポールの老朽化した公営住宅の一室に設立したのがBT社である。タン氏は2008年に北京に渡り、その年の北京五輪開催時にアフリカ諸国を紹介するパビリオン運営に関わったとされる［朝日、2016・5・20］。五輪大会期間中、開催地には五輪招致などを目的にした各国のパビリオンが開設され、そこではIOC委員をはじめ、各国オリンピック委員会（NOC）や国際競技連盟（IF）の代表ら五輪貴族たちが毎晩のように贅を尽くしたきらびやかかパーティーを開き、その舞台裏で人知れず密談が交わされる。このパビリオンがタン氏の本格的な五輪ビジネスへの入り口となった。この頃からタン氏は「五輪招致コンサルタント」としてBT社を率いていた。当時、タン氏はAMS社とコンサルタント契約を結び、国際陸連の会合には定期的に出席していたようだ［朝日、2016・5・17］。このBT社の口座はディアク氏が関与したロシア代表選手団のドーピング違反隠しを巡る金銭授受にも利用されていたが、パパマッサタ氏はこれを否定した［毎日、2020・9・21］。

タン氏とBT社についてはベールに覆われている。タン氏の素性について筆者の同僚である五輪専門誌「ATR」のエド・フーラ編集長（当時）は毎日新聞へのコラムの中で「(五輪）招致コンサルタントは数多くいるが、タン氏は何もコメントを発しておらず謎に包まれている。筆者も東京都が開催都市に決まった2013年9月のIOC総会を取材したが、タン氏の名前は聞いたこともなかった。それにもかかわらず(招致委は）しっかり地位を築いた招致コンサルタントに遜色のない報酬を支払っている」と疑問を呈した［毎日、2016・5・17］。

2020五輪招致委がタン氏を起用する際、その実績の照会先が電通であった。電通がお墨付きを与えたため、この招致委はBT社とコンサルティング契約を結んだのである［朝日、2016・9・2］。この件について電通は朝日新聞に対して「ロビイストとしての実績はある、という事実を伝えたまで」と回答した［朝日、2016・5・17］。そして、東京都が2020年夏季五輪招致を決めてから1年にも満たない2014年7月に、BT社は突如閉鎖された［朝日、2016・5・14］。そして2019年1月、この疑惑にからみ、シンガポール汚職捜査局に虚偽の説明をしたとしてタン氏は禁固刑を受けた［日経、2019・1・16］。

こうしてみると、ディアク親子と高橋氏、破綻したISL社とAMS社、そして突如消滅したBT社、そしてこれらをつなぎ合わせる電通が東京五輪の招致疑惑に深く関わっていることが浮かび上がる。

2. 国内の五輪招致問題と報道メディア

東京五輪の招致疑惑は1998年長野冬季五輪からの伏線があった。この五輪のマーケティングやスポンサー集めは東京五輪と同様、電通が担っていた［朝日、1993・2・25］。しかも、地元紙の信濃毎日新聞社のほか、共同通信社が海外報道メディアを受け入れるホスト・メディアであった。これら報道メディアは長野五輪組織委と利害を共にする内部関係者として機能していたのである。1993年12月、3年間で約19億5000万円を費やした長野五輪招致委員会の招致贈賄疑惑と帳簿消失事件が発覚した［朝日、1993・12・29］。翌1994年3月には、イタリアの報道メディアによって、この招致委による約3億円に及ぶ贈賄疑惑が浮上した［朝日、1994・3・14］。だが、結局のところ国内報道メディアは深入りせず、長野五輪招致をめぐる問題は迷宮入りした。この経験が2016年五輪招致で活かされず、同じ過ちが繰り返され、しかも国内報道メディアはこれを看過したのである。

2016五輪招致委は設立から3年後の2009年10月、コペンハーゲンで開かれたIOC総会での開催地選考で東京都はリオデジャネイロに敗れてしまった［朝日、2009・10・3］。この五輪招致では公金を含めて総額150億円がつぎ込まれたが、このうち電通への高い依存度とその法外な手数料に批判が集まった。例えば、電通に依頼した10分間の招致PRの映像制作費に5億円を費やした［朝日、2009・12・12］。こうして、この招致委は最終決算で6億9000万円の赤字に陥ってしまった。［朝日、2010・2・25］。この頃、招致失敗の原因として、主要な国際スポーツ団体に日本人の要人がいないことや、IOC委員との人脈が乏しいことなど「国際スポーツ界での日本の存在感の不足」が指摘された［朝日、2010・2・3］。これが2020年五輪招致でのIOC委員の買収疑惑の誘因になった。さらに、2016年五輪招致の失敗3年後の2012年10月になって、保存期間内であった東京都の招致関連の帳簿が消失していたことが発覚した。これは総額18億円もの公金の行方が分からなくなったことを意味する。長野五輪招致委の帳簿消失事件とまったく同じ轍を踏んだのである。

これら2つの帳簿消失事件で電通への疑問が湧き上がる。帳簿を消失したのはそれぞれ異なる五輪招致委で、その人事的な主体は長野市と東京都であった。しかもこれら招致委は外形的には無関係だ。だが、電通という組織に焦点を当てると、その実相は異なる。電通はこれら2つの五輪招致委に「五輪のプロ」といった資格の人材を多数送り込んでいた［電通報、2016・7・18、ロイター、2020・10・15］。財務管理の手法は長野五輪招致委から東京五輪招致委へと引き継がれていて然るべきである。なぜなら、それが「五輪のプロ」の資格だからだ。公金が含まれるこの2つの財務管理問題は厳しく糾弾されて当然だが、五輪新聞4社を含めてこの問題を厳しく追究した報道メディアは見当たらない。

3．東京五輪の招致疑惑、海外報道メディアと五輪新聞４社の温度差

ここで東京五輪の招致疑惑のあらましを紹介したい。フランス検察当局の捜査線上から２０１６年、ディアク氏がからんだ東京五輪の招致疑惑が浮かび上がった。これを英ガーディアン紙が東京五輪招致で電通関係会社のコンサルタント通じて金銭授受があったと報じたことで、日本国内でも知られるようになった［朝日、２０１６・５・12］。その後、仏ＡＦＰ通信や英ロイター通信など国際的な報道メディアがこぞってこの疑惑を取り上げたのである［朝日、２０１６・５・19］そして２０１９年、フランス検察当局が東京五輪招致疑惑でＡＭＳ社を捜索した［ロイター、２０１９・８・28］。

ここで注目すべきが、英ガーディアン紙、仏ルモンド紙、英ロイター通信、そして国内の月刊誌「ＦＡＣＴＡ」の調査報道であった。買収に関わる極秘文書を独自に入手し、これら報道メディアが協働して調査をし、その詳細を大々的に報じた。五輪大会そのものを買収したとなれば、単純な贈収賄が繰り返された五輪スポンサー事件と比較にもならぬほど深刻でニュース価値も高い。

１９９８年冬季五輪招致、２００２年冬季五輪招致、２０１６年夏季五輪招致と買収事件が五輪招致のたびに発生したため、各国の報道メディアは当然ながら東京五輪でもそれを警戒していた。だが、フランス検察当局から捜査協力の依頼を受けた東京地検も、五輪新聞４社を含めた国内の報道メディアも動きが鈍かった。

この事件での欧州メディアとＦＡＣＴＡが協働した調査報道は、腐敗した公権力の悪事を暴露した賞賛されるべき業績だった。パナマ文書事件の報道でピューリッツァー賞を受賞した国際調査報道ジャーナリスト

連合（ＩＣＩＪ）の調査報道に匹敵するほどであろう。だが、国内大手マスコミはこれら一連の調査報道に頬被りした。しかも電通と高橋氏の関与をひた隠しにするかのように報じたのである［本間、２０１６］。

当時の２０２０五輪招致委理事長でＪＯＣ会長だった竹田恒和氏がフランス司法当局の捜査対象となり、捜査共助に基づいて東京地検特捜部が２０１７年に竹田氏から事情聴取した。竹田氏は「正当な対価を支払ったもので、不正はしていない」と五輪招致疑惑を否定したが、２０１９年にＩＯＣ委員とＪＯＣ会長、そして組織委副会長の座から降りることになった［朝日、２０１９・３・28］。この疑惑では高橋氏が代表を務める「コモンズ」の名前も取り沙汰された［読売、２０２２・８・18］。２０１６年から２０２０年にかけて、この疑惑に高橋氏も深く関わったと欧州で大きく報じられた。ただ、国内では竹田氏の辞任・退任劇で五輪招致疑惑は立ち消えとなり、すべてが闇に葬られたような、決まりの悪い結末を迎えたのである。これは報じるべき問題を報じないという報道メディアの自主規制や不作為の典型例である。

その後も海外報道メディアによる五輪招致疑惑の追究は続いた。２０２０年３月に英ロイター通信が２０２０五輪招致委の内部文書を入手して、高橋氏への不透明なカネの流れを暴いた。２０２０五輪招致委が開いた銀行口座の取引明細証明書には３０００件以上の招致活動の取引が記載されていた。その中で、高橋氏が経営する「コモンズ」社を通じて約８２０万ドル（約８億９０００万円）と最も多額の資金を受け取っていたのである［ロイター、２０２０・３・31］。この頃、高橋氏は招致委外部の「スペシャル・アドバイザー」として活動していた。このため、２０２０五輪招致委の活動報告書には高橋氏が招致に関わった形跡は無い［東京都、２０１４］。これが、高橋氏が「別動部隊」といわれるゆえんである。

この資金の使途について高橋氏はロイター通信の取材に対して、開示義務はないとしながらも、「いつか死ぬ前に、話してやろう」と話した。一方で、この資金にはスポンサー集めの手数料のほか、ディアク氏を含むＩＯＣ委員らへの接待や手土産などのロビー活動費だったことを認めた［ロイター、２０２０・３・31］。ただ、高橋氏は後日、この報道内容について「真実ではない。まるでうそ」と否定したのである［毎日、２０２０・４・１］。

高橋氏の２０２０五輪招致活動として同時期に進んでいたのが、２０２０五輪招致委とタン氏との五輪招致コンサルティング契約とその後の買収疑惑である。２０１３年5月下旬、タン氏が経営するＢＴ社が２０２０五輪招致委に招致コンサルティングの自薦のパンフレットと手紙を送付したとされる［朝日、２０１６・９・２］。電通がタン氏の五輪招致での実績を裏付けしたため、２０２０五輪招致委はＢＴ社とコンサルティング契約を結んだ。同時期、電通が出資し五輪招致疑惑でフランス検察当局から捜査も受けていたＡＭＳ社ともＢＴ社はコンサルティング契約を結んでいた。ここでは五輪招致疑惑をめぐって、２０２０五輪招致委とＢＴ社、そして電通が複雑に絡んでいる構図が見て取れる。

２０１３年7月、２０２０五輪招致委はＢＴ社に９５００万円を送金した。その後の9月、ブエノスアイレスで開かれたＩＯＣ総会で、東京都は２０２０年夏季五輪招致に成功した。そして翌10月に招致成功の報酬として、追加でＢＴ社に1億３５００万円が流れた［読売、２０１６・９・２］。２０２０五輪招致委幹部は当初、ＢＴ社への送金について「招致委として支払うことはあり得ない」と否定していたが［朝日、２０１６・５・13］、直後に一転してコンサルタント業務への「正当な対価」として合計約2億２３００万円のＢＴ社への送金を認めたのである［朝日、２０１６・５・１］。

その後、ＢＴ社からディアク氏を介して複数のＩＯＣ委員に賄賂が渡った。例えば、パパマッサタ氏が

2013年7月にパリで購入した高級腕時計代金13万ユーロ（約1600万円）の支払いの一部をBT社が肩代わりしていた［朝日、2016・5・19］。また、パパマッサタ氏の個人口座や同氏が経営する「PMDコンサルティング社」などの口座にBT社から2013年8月から11月にかけて計約93万ドル（約9300万円）が送金された。そして半年後の2014年7月、BT社は突如閉鎖されたのである［朝日、2016・5・14］。2020五輪招致委は電通のお墨付きを得て、いとも簡単にオレオレ詐欺の受け子のようなタン氏とBT社に巨額の資金をつぎ込んでいたのである。こうした公金を扱う五輪招致のガバナンスに関わる問題についても、五輪新聞4社含め国内報道メディアのさしたる追究はここでも見られなかった。

Ⅲ　独立性と客観性をめぐる五輪ジャーナリズムの課題

唐突に膨れ上がる大会予算や夢のファンタジー的な経済波及効果額、そして費用対効果が掴めない顧問料や湯水のごとくばら撒かれた接待費と、東京五輪をめぐる問題には必ず覚束無い数字がつきまとい、これらが不正の温床になっていた。これについての五輪ジャーナリズム側の問題は、あやふやな金額についての独立した立場からの客観的な検証を経ない報道にある。これは市民社会に不利益をもたらしかねない。ここでまず五輪招致疑惑と五輪スポンサー事件で明るみに出た賄賂の特徴について説明したい。

1．賄賂と公正市場価値

五輪招致疑惑は資金の流れや関与した人物とからすると、国際的な金融事件の側面を持つ。ここで登場するのがタックス・ヘイブン（租税回避地）、実態が不明あるいは無いペーパーカンパニー、そしてマネー・ロンダリング（資金洗浄）の3項目である。五輪招致疑惑のカネの流れの中で、度々「高級腕時計」が登場する。時計は一見するとたわいの無い手土産のようだが、見方によっては巧妙に仕組んだ資金洗浄の手口にも映る。国産でも希少価値のあるモデルやビンテージものなど超高価な腕時計は多く存在する。実際、セイコー社の限定品には職人技を駆使した4000万円を超える工芸品もある。五輪招致疑惑で2020五輪招致委の別動部隊だった高橋治之氏がラミーヌ・ディアクIOC委員に時計を手土産として渡した。また、ディアク氏の息子パパマッサタ・ディアク氏はBT社に時計の支払いを肩代わりさせていた。高橋氏はこの時計を「安物」と吐き捨て、パパマッサタ氏は自身のコレクションと弁解した。彼らは時計の賄賂性を否定している。贈収賄事件で必ず問題になるのが賄賂性の認定である。賄賂というと袖の下を通すような現金の手渡しを想像しがちだが、実際には価格がよく分からないものを渡すことが多い。ここで問題となるのが価格の公正な値付けである。国際会計基準ではこれに公正市場価値という概念を用いている。これは「取引の知識がある自発的な当事者の間で、独立の第三者間取引条件により資産が交換され、または負債が決済される価額」と定義される。平たくいうと時価を指す。原則的には市場価格だが、それ以外は合理的に算出可能な価格を指す。だが、この「合理的」の解釈が難しく、人間の恣意が入り込む余地が多くある。

一般に賄賂は公正市場価値が不明の商品やサービスであることが多い。ちなみに、価格がよく分からず賄賂だと気付かれにくいため元首相の故・田中角栄氏が「錦鯉」を活用したのは有名である。同様に、バブル期に発覚した政治家や高級官僚の汚職事件では、公正市場価値が定まらない「絵画」などの美術品や「壺」などの骨董品がよく登場した。

2. プレミアムと口利きの公正市場価値

五輪招致疑惑でと五輪スポンサー事件では時計やコンサルティング契約が頻繁に登場した。これらは公正市場価値が定めにくい事例といえよう。高級腕時計は限定販売や製造中止などによってプレミアムが付く場合が多い。このプレミアムは人間の恣意が入り込む余地があるため公正市場価値の算出が困難になる。また国境を越える際にも身に付けて持ち運びしやすく、換金しやすいのが高級腕時計である。高級腕時計は国際的な資金洗浄の道具としての側面があり、この授受がBT社と高橋氏の共通点であった［読売、2016・6・6、ロイター、2020・3・31］。

また、公正市場価値の算出困難なサービスが支払手数料の一種、コンサルティング料や顧問料だ。これらのうち、不正事件に繋がりやすいのが相対取引で決められ、対価が不明確な口利きなどの場合である。五輪スポンサー事件でのAOKIホールディングスと高橋容疑者とのコンサルティング契約がその典型例だ。五輪招致疑惑で、「顧問」という用語に由来する高橋氏のコモンズ社が2020五輪招致委から受け取ったのも、タン氏が同委から受け取ったのもコンサルティング料であった。

租税回避地のペーパー・カンパニーを舞台にし、高級腕時計の授受のある点や、公正市場価値が不明なコンサルティング料が頻出する点で、五輪招致疑惑は資金洗浄を絡ませた典型的な国際金融事件といえよう。政治家の汚職事件や大企業の不正会計事件で類似する手口が使われてきたが、五輪新聞4社はこれらを取材報道してきた数多くの実績がある。このため五輪招致疑惑でも同様の取材報道体制が敷けたはずだ。

3．客観性をめぐる「経済波及効果」報道の問題

五輪大会の準備段階で必ず登場するのが、根拠があやふやな「経済波及効果」である。これは利害関係者が五輪招致の後押しとして利用する。報道メディアはこの数字に批判的な視座で臨み、独自の検証を加えて報じる慎重さが求められる。数字を鵜呑みにした報道は不正確であるばかりか、市民社会に大きな不利益をもたらすためである。これについて開幕４年前に東京都が発表した「経済波及効果」資料と、それに関する五輪新聞４社の記事について検証していく。

東京都が２０１７年に発表した『東京　２０２０　大会開催に伴う経済波及効果（試算結果のまとめ）』によると、この効果は２０３０年までに東京都で約20兆円、全国で約32兆円と示された［東京都、２０１７］。東京五輪総経費の1兆４２３８億円からすると、22・5倍にも達するあまりに現実離れした数字だ。大会開催の直接投資や支出で生じる「直接的効果」と、大会後の遺産から生じる「レガシー効果」に分けられているが、特に根拠が不明なのが大会後も10年続くとする後者だ。朝日、読売、毎日の3紙は都の発表を検証もせずに以下のように報じた。日経は「ただ、都の試算は経済成長率の変動や大会後の反動減などを盛り込んでいない」と但し書きを添えた。

『東京五輪「経済効果32兆円」』［朝日、２０１７・３・７］

東京都は6日、２０２０年東京五輪・パラリンピックの開催に伴う２０３０年までの経済波及効果が、全国で約32兆円になるとの試算を発表した。大会招致が決まる前の12年に、13～20年で約３兆円との試算を公表したが、今回は選手村の跡地利用なども加味した。

『五輪　経済効果32兆円　30年まで　都が再試算』［読売、2017・3・7］

東京都は6日、2020年東京五輪・パラリンピックの全国の経済波及効果について、大会10年後の30年までに計約32兆円に上るとする試算を発表した。

『20年東京五輪・パラリンピック：経済効果32兆円　都内分は20兆円　都が試算公表』［毎日、2017・3・7］

東京都は6日、2020年東京五輪・パラリンピックの経済波及効果が全国で約32兆3000億円、都内で約20兆4000億円になるとの試算を公表した。招致が決まった13年9月から大会終了10年後の30年9月までの効果を算出した。

調査報道を強調する朝日新聞は2017年3月の都の発表から2021年9月までの約4年半、この試算額を独自に検証したことはなかった。こうした中、以下の記事を東京五輪閉幕直前に出稿した。

『五輪の経済効果、口つぐむ都　実感ない街／試算32兆円／検証は未定』［朝日、2021・9・21朝刊］

東京五輪・パラリンピックで期待された「経済波及効果」は、どれだけもたらされたのか。東京都は32兆円と試算して恩恵を強調してきたが、閉幕後の検証は「未定」だという。想定外だったコロナ禍の影響も踏まえ、改めて示し直すべきだとの声が出ている。

この記事を一瞥すると「社会の木鐸」としての当事者意識を見いだすのは難しい。検証すべき主体は東京都でなく朝日新聞社である。これら経済波及効果の記事は公権力からの情報を鵜呑みにした悪名高き記者クラブ発の横並び発表報道の典型例でもあり、戦時中の大政翼賛報道と重なり合う。

Ⅳ　五輪招致疑惑をめぐる報道の不作為

ここまで五輪招致疑惑を中心に、組織委と利害関係を築き、電通と密接な関係のある五輪新聞４社の報道実績を検討してきた。東京五輪を舞台にした招致疑惑では海外報道メディアが先行し、かつ詳細に報道してきた。五輪新聞４社にとってこれは、報道メディアとしてのプライドに関わる問題である。五輪招致疑惑は自主規制すべき案件だったのか、ここに報道の不作為が介在したのであろうか。

五輪大会は世界的な規模のイベントで、運営する組織委の予算規模は一時期、世界有力企業並みに膨れ上がる。しかも責任主体である組織委は五輪閉幕と共に解散する。この構図が数々の不正を引き起こすのである。巨額のあぶく銭に群がって、繰り返されてきた五輪犯罪が東京でも発生した。残念ながら、ＩＯＣには金銭的な倫理観が欠落した委員が少なからずおり、五輪招致ごとに不正を繰り返してその手口が次第に巧妙になっていく。不正に手を染めたときは宴席での現金授受といった明快かつ単純な贈収賄が、次第に租税回避地でのペーパーカンパニーを迂回した資金洗浄といった巧妙な犯罪に発展してしまう。ＩＯＣはこれまで招致不正の是正に努めてきてはきたものの、傲慢な体質や特権意識からかその体質が一向に変わらない。

国際的な政治経済事件には世界各国の捜査当局のみならず、報道メディアも常に目を光らせ、その究明に尽力を注いでいた。五輪は世界が注目するイベントであり、その不祥事のニュース価値は高い。それを暴いて世に問うのが五輪ジャーナリズムの役目でもある。常にこの手の不正事件はイタチごっこなので、監視する側は常に知識や技術のアップデートが求められる。

こうした状況下、部署ごとの縦割りが特徴的な国内報道メディアの場合、分野を跨ぐ事件で組織横断的な調査報道が得意とは言えない。スポーツ分野には浪花節的な選手の感動物語を得意とする記者がいて、「スポーツの力」など市民社会に希望を与える役割を担っている。ただ、こうした記者が五輪取材を担当するとミスマッチが起こる。本来、五輪担当記者は招致・準備段階に政治や経済の視点からＩＯＣや招致委、組織委の不正を監視し、オリンピック憲章が希求する目的に沿った大会に導く取材報道が求められるからだ。また、五輪にからむ疑惑や事件が発生すると、国内では事件や司法を担当する記者クラブの記者が担当することになる。ここでは捜査情報が一点集中する当局からのリーク情報の受け売りに終始し、公正な立場からの報道は期待できない。

1．五輪招致疑惑の特徴

ここで五輪招致疑惑の特徴について指摘する。まず、舞台がスイスやシンガポールといった租税回避地にある実態の無い導管体的な組織である。これはペーパーカンパニーの典型例で、出資者が匿名かつ第三者による会計監査の対象外であるため、この導管体を介したカネは行方不明となる。本来は資産流動化などを目的とするが、こうした性質のために資金洗浄に悪用されてきた。租税回避地は英国領ケイマン諸島など観光以外の産業のない小さな島々が有名だ。税制優遇措置で世界中の富裕層を呼び込み雇用を生み出している。また、国土の狭く交通の要所であるルクセンブルグやシンガポールは金融業を当て込んだ租税回避地である。実際に五輪招致疑惑の舞台となったシンガポールのＢＴ社は古びた公営住宅の一室を所在地としたペーパーカンパニーだった。

１９９８年長野五輪だけでなく２００２年ソルトレイク五輪や２０１６年リオデジャネイロ五輪など五輪招致をめぐる不正事件はこれまで幾度となく繰り返されてきた。これら犯罪手口の取材ノウハウは国内報道メディアでも当然、蓄積されているはずである。これを検証するために五輪招致疑惑に類似する過去の著名な事件報道実績と比較調査を実施したい。

そこで過去の国際的な政治経済事件の2件を取り上げる。この共通項は租税回避地、資金洗浄、ペーパーカンパニーの3項目である。ペーパーカンパニーは特別目的会社や匿名投資組合が一般的だが、五輪招致疑惑に関わったシンガポールのＢＴ社、スイスのＩＳＬ社とＡＭＳ社など実質的な企業体もそれに準ずる。しかも、この2社はいずれも電通と深い関係にある組織である。

1つ目の比較対象は1991年に発覚したパキスタンのBank of Credit and Commerce International（ＢＣＣＩ）を舞台にした空前絶後の国際政治経済犯罪と言われたＢＣＣＩ事件である。この事件は租税回避地での資金洗浄による国際犯罪が初めて世界的に問われたケースであり、報道メディアの取材報道体制の課題が浮き彫りになった。2つ目が２０１６年に発覚したパナマ文書事件である。パナマ文書は租税回避地中米パナマのモサック・フォンセカ法律事務所が作成した約１１５０万点の会社設立関連文書である。１９９７年に発足した米国の国際調査報道ジャーナリスト連合（ＩＣＩＪ）がこれをもとに世界の政治家や富裕層、大企業による租税回避の実態を暴く調査報道を重ねてきた。国内でも共同通信や朝日新聞、NHKなどもICIJを通じてパナマ文書報道を展開した［朝日、2016・5・10］。租税回避地での資金洗浄という点でBCCI事件と類似する事件であり、データを丹念に解析していく調査報道の手法もこの事件をきっかけに確立された。

2．BCCI事件を反省に調査報道が見直された米国

1991年、英国中央銀行の調査で発覚したBCCI事件は租税回避地のルクセンブルグに本拠を置くBCCIが舞台となり、米国中央情報局（CIA）がここで組織的な資金洗浄を繰り返し、世界各地の非合法組織に資金を提供した。この中に、アルカーイダのオサマ・ビンラディンやパナマ共和国のノリエガ将軍ら国際的な犯罪指導者や中南米やアラブ諸国の独裁者が含まれた。BCCIは武器密輸や麻薬取引など非合法活動にも深く関わり、その関係者の殺害などの事件も多数発生した［Kochan & Whittington, 1992］。この事件は国内への影響も懸念され国会でも取り上げられるほどであった［衆議院、1991］。

ここで、五輪新聞4社それぞれの記事アーカイブでBCCIに関する報道状況を調査した。記事検索では朝日新聞は「東京朝刊・東京夕刊の本紙掲載記事」、読売新聞は「東京朝刊・東京夕刊の全国版記事」、毎日新聞は「東京朝刊・東京夕刊記事」、日経新聞は「日経新聞朝刊・日経新聞夕刊」を検索範囲とした。「BCCI」をキーワード検索すると、記事数は朝日新聞で85本（1986年5月17日―2002年1月18日）、読売新聞で81本（1991年7月6日―2005年7月22日）、毎日新聞で50本（1991年7月7日―2004年1月14日）、日経新聞で286本（1985年4月12日―2015年3月2日）を確認した（表

2）。括弧内はこのキーワードの初出と最後の日付である。

銀行そのものが国際犯罪組織であっただけでもニュース価値が高く、いずれの新聞社もBCCI事件を長期間にわたって多数扱っていた。五輪招致疑惑との重要な共通項は、舞台になった組織がペーパーカンパニーではなく実態のある企業であることだ。五輪招致疑惑に関わり、電通が関係するISL社とAMS社はいずれも租税回避地にあり、多くの社員を抱えて商取引が活発であった［朝日、2016・5・17、朝日、2016・9・2］。これら組織を隠れ蓑にして暗躍する人物らが内外の徒党と連携し、法外なコンサルティング料をかすめ取ったり、下部組織にカネを流してキックバックを吸い取ったりしていた。結局、ザルのようなこの組織自体はもぬけの殻となり、巨額の資金が闇の中に消えていった。当然、本来の使途である五輪招致活動やスポーツ振興にはカネがきちんと回るはずもない。

BCCIが破綻した後、ビンラディンは「アシャマル銀行」を設立して資金洗浄に利用していた［毎日、2001・12・3、毎日、2001・12・4］。同様に不正事件を繰り返したISL社が破綻直後に元従業員を集めて設立されたのがAMS社であった。BCCIの不正犯罪スキームはこれまでの五輪招致事件にも脈々と引き継がれている。BCCI事件では当時の犯罪拠点が欧州、アラブ諸国、米国、中南米に散在しており、インターネットなどの情報通信手段が未発達だったため、犯罪手口に着目した調査報道は国内外の報道メディアにはほとんど見られなかった。これが反省材料になり、国内外の報道メディアの国際金融犯罪に関する調査報道のノウハウが蓄積されるようになったのである［朝日、1992・4・2］。

3．データ・ジャーナリズムの幕開けとなったパナマ文書事件

２０１６年に発覚し、租税回避地を舞台としたパナマ文書事件もＢＣＣＩ事件の流れを汲む。共同通信社や朝日新聞社の記者も加わったＩＣＩＪが中心となってこの事件を追及した。この事件をきっかけに国内外の報道メディアの調査報道のあり方が一変した。これまで捜査当局からのリーク情報に頼ってきた事件報道から、報道メディア自体が大量のデータを集めて、それを解析する手法が拡がったのである。これはデータ・ジャーナリズムの幕開けを象徴した。これを機に報道メディアが主体的に国際政治経済事件に関与することになったのである。

　パナマ文書事件の調査報道の焦点は世界各地の政財界要人の不正な資金隠しであった。ＢＣＣＩ事件や２００１年の米国エンロン社の巨額不正会計事件以降、租税回避地での資金洗浄防止の規制が強まり、その情報開示が大きな課題となっていた。この文書の解明で、アイスランドのグンロイグソン首相やスペインのソリア産業相が辞任に追い込まれた。五輪関連ではＦＩＦＡのインファンティノ会長の不正疑惑が持ち上がったが、その後の２０２０年にＩＯＣ委員に就任した。国内報道メディアも積極的に取り上げたパナマ文書事件では、ＩＣＩＪが世界80カ国からの記者らの協働で世界規模の不正の構造を明らかにしたと評価され、２０１７年に米国コロンビア大学ジャーナリズム大学院から優れた報道に贈られるピュリッツァー賞を受賞した［朝

（＊対比は「五輪招致疑惑」記事に対する出稿量割合）

毎日新聞	対比	日経新聞	対比	4紙合計	対比
50	28%	286	340%	422	87%
1991年7月7日―2004年1月14日		1985年4月12日―2015年3月2日			
173	98%	271	323%	842	174%
2016年4月6日―2021年10月9日		2016年4月5日―2022年6月6日			
176	NA	84	NA	485	NA
1998年12月24日―2021年1月31日		1998年12月23日―2021年12月4日			
東京朝刊・東京夕刊		日経新聞朝刊・日経新聞夕刊			

日、２０１７・４・12」。国際的な報道メディアの協働による調査報道が、ジャーナリズム界の新たな金字塔を打ち立てたのである。

パナマ文書事件で国際犯罪の調査報道手法が進化した要因としてＩＴ革命の影響がある。これによって世界各地の公文書などにアクセスし、世界各地に散在する記者や専門家が協働して問題に取り組むことが可能になったのである。

ここで五輪新聞４社のパナマ文書に関する報道状況の調査結果を示したい。それぞれの新聞社の記事アーカイブで「パナマ文書」をキーワード検索すると、記事数は朝日新聞で２０９本（２０１６年４月６日―２０１９年12月２日）、読売新聞で１８９本（２０１６年４月６日―２０２０年１月14日）、毎日新聞で１７３本（２０１６年４月６日―２０２１年10月９日）、日経新聞で２７１本（２０１６年４月５日―２０２２年６月６日）を確認した（表２）。こうしてみると、ＢＣＣＩ事件の報道状況と比較して、パナマ文書事件の報道量は日経新聞を除くと各社とも２倍強に増加した。五輪新聞４社にも国際的な資金洗浄事件や贈収賄事件に関する十分な取材報道の知識や技能、ノウハウが蓄積されていると考えられよう。

次に、五輪招致疑惑に関する報道を比較検証するため、嫌疑がかけられた人物の実名報道に注目してパナマ文書事件の報道内容について検討していき

表２　キーワード「BCCI」「パナマ文書」「五輪招致疑惑」についての記事出稿量比較

	朝日新聞	対比	読売新聞	対比
「BCCI」	85	76%	81	72%
出稿期間	1986年5月17日—2002年1月18日		1991年7月6日—2005年7月22日	
「パナマ文書」	209	187%	189	167%
出稿期間	2016年4月6日—2019年12月2日		2016年4月6日—2020年1月14日	
「五輪招致疑惑」	112	NA	113	NA
出稿期間	1998年12月18日—2020年9月24日		1998年12月13日—2021年2月14日	
	東京朝刊・東京夕刊本紙		東京朝刊・東京夕刊全国版	

たい。世界各国の政治家や大富豪がからんだパナマ文書事件は非常に高いニュース価値があった。この文書には非合法的な活動を記すものもあれば、適法・合法の経済行為が単に示されているものもある。世界的な著名人の不正蓄財の解明がテーマで、租税回避地の企業への関与だけで実名報道がなされた。例えば朝日新聞は『税回避、危うい利用　パナマ文書、日本企業・個人は　会社購入、香港業者が助言』という記事の中で、以下のように報じた。

〝株主として個人名があったのは楽天の創業者、三木谷浩史会長兼社長。日本興業銀行を退職した直後の1996年、バージン諸島の会社に出資していた。朝日新聞社が楽天の広報担当者を通じて三木谷氏に伝えたところ、「20年前の話で、最初は会社名も覚えていないようだった」。パーティーか知人の紹介で、知り合った外国人から投資を持ちかけられ、約80万円を出資した。事業はうまくいかず、出資金の一部が戻ってきただけ。「利益を得たわけでも節税や脱税を目的としたわけでもない」という［朝日、2016・4・27］。〟

また朝日新聞は『(時時刻刻) パナマ文書、怒り拡大　新たに豪首相の名　公開1週間』という記事ではまず、パナマ文書事件では憶測を含めてこの事件を伝える必要性を以下のように訴えた。

〝タックスヘイブン（租税回避地）の実態を明らかにした「パナマ文書」の中から、21万余の法人やその株主らの名前や住所が公開されてほぼ1週間。新たに名が挙がった為政者らに厳しい目が向けられた。

闇経済の影もちらつき、「不公正な税負担」への怒りはさらに広がる。各国政府は対策に乗り出したが、タックスヘイブンは各国経済に深くつながる。資産隠しの「抜け道」を封じるには時間がかかりそうだ。〟

このほか実名で報道された企業や個人には伊藤忠商事、ソフトバンクBB（現ソフトバンク）、丸紅、セコムの飯田亮最高顧問、UCCホールディングスの上島豪太社長があり、いずれも犯罪への関与を否定した［朝日、2016・5・16］。BCCI事件とパナマ文書事件を通じて国内報道メディアの報道内容は、報道倫理に即した実名報道が主体であった。実名報道規範というジャーナリズム倫理からすると、「疑わしきは罰せず」とする捜査当局の司法的判断と、「疑わしきを白日の下にさらす」とする報道メディアの社会的判断は別である。そして、編集権の独立概念からすると実名報道の判断は報道メディア独自の専権事項である。では五輪新聞4社は五輪招致疑惑でも実名報道規範を遵守したのであろうか。

V　東京五輪招致での疑惑渦中の人物と実名報道倫理

2022年10月末時点までに明るみに出た東京五輪にまつわる組織委の高橋治之元理事の問題は大きく分けて2点ある。一つが先に述べた東京五輪スポンサー選定をめぐって高橋氏が受託収賄容疑で逮捕された五輪スポンサー事件である。もう一つが、フランス検察当局が捜査を進める東京五輪招致段階での五輪招致疑惑である。報道メディアでは通常、逮捕、あるいは起訴を境にしてその前を「疑惑」、その後を「事件」と表記する。このため、以下では高橋氏の逮捕前を「五輪スポンサー疑惑」、逮捕後を「五輪スポンサー事件」

と表記する。

一般に報道メディアが取材対象と利害関係を持つと公正な報道が困難になるといわれる。この実例として捜査当局など公権力に忖度した不必要な情報源の秘匿や、不正や汚職の疑義がある利害関係者の実名報道を避ける自主規制である。高橋氏は組織委理事というみなし公人であるため、東京五輪に関わる疑惑であれば実名報道が原則である。ここで高橋氏の実名に注目し、五輪新聞4社の報道傾向を定量的に検証する。このため新聞社それぞれの記事アーカイブを利用して、「高橋治之」というキーワード検索を実施した。検索対象は各新聞社本紙の朝刊と夕刊に掲載された記事の見出しと本文、検索期間は記事アーカイブ開始時から高橋氏逮捕翌日の2022年8月18日までとした。ここで、各新聞社の組織委との利害関係と取材報道の主体性に着目し、各新聞社の五輪スポンサー契約終了時点と組織委の解散時点、そして高橋氏逮捕時点に焦点を当てた。

1. 「高橋治之」の名は何度報道されたのか

五輪新聞4社のスポンサー契約締結が2016年1月22日、契約終了が2021年12月31日、組織委の解散が2022年6月30日［読売、2020・12・25］、そして高橋氏逮捕が2022年8月17日である［毎日、2022・7・1］。これらを区切りとして調査期間を以下に設定した。まず、五輪新聞4社と組織委とのスポンサー契約以前（2016年1月21日まで）を第1期、スポンサー契約期間中（2016年1月22日〜2021年12月31日）を第2期、スポンサー契約終了後から組織委解散まで（2022年1月1日〜2022年6月30日）を第3期、組織委解散後から高橋氏逮捕当日まで（2022年7月1日〜2022年8月17日）を第

４期、そして高橋氏逮捕翌日（２０２２年８月18日）を第５期とした。

第１期は五輪新聞４社と組織委の直接的な利害関係はなく、五輪招致疑惑や五輪スポンサー事件の発覚前である。第２期は組織委と利害関係が生じ、これら新聞社は組織委について公正な報道を損ねる可能性がある。第３期はスポンサー契約終了後であるが組織委解散までは間接的な利害関係が残存する可能性がある。このため第２期と同様、公正な報道が阻害される可能性があると考えられる。第４期は組織委解散後で、その内部文書の廃棄・散逸の可能性があり取材が困難になる。同時に、利害関係があった組織委が消滅しているため、組織委の批判が容易になる。第５期は高橋氏逮捕翌日のみに設定した。松本サリン事件報道など過去の事例からすると、逮捕を境に容疑者がスケープゴートにされ、真偽定かで無い記事が大量の出稿される集団的過熱報道に陥る。実際、高橋氏逮捕後はこれが現実となった。

「高橋治之」を検索した結果、朝日新聞は合計36本、読売新聞は合計38本、毎日新聞は合計40本、そして日経新聞は合計37本、４紙合計で151本であった（表３）。このうち、第１期の記事出稿数と全体との割合は朝日新聞が計６本で16・７％、読売新聞は計６本で15・８％、毎日新聞が計２本で５・０％、日経新聞が計２本で５・４％、そして４紙合計が16本で10・６％であった。これらの記事の主な内容は高橋氏の母親の死亡告知と、高橋氏の組織委理事就任であった。また、第１期は五輪招致疑惑や東京五輪スポンサー疑惑は発覚前で、関連した高橋氏の実名入り記事はいずれの新聞にもなかった。

2．五輪招致疑惑で毎日と日経は通信社電、消極的な実名報道例

同様に第２期では、朝日新聞が計９本で25・０％、読売新聞が計６本で15・８％、毎日新聞が計12本で30・

0%、日経新聞が計6本で16・2%、そして4紙合計が33本で21・9%であった。この期間の高橋氏の主な実名報道は2020年夏に開催予定だった東京五輪の延期問題についてであった。2020年3月10日付けの米ウォールストリート・ジャーナル紙が延期可能性について高橋氏へのインタビュー記事を掲載したのをきっかけに、五輪新聞4社を含め国内報道メディア各社がこれを追う記事を相次いで出稿した。

また、同年3月30日、五輪招致疑惑について英ロイター通信が他の報道メディアに先駆けて高橋氏の実名報道に踏み切った。2020五輪招致委から受け取った9億円の資金のうち、高橋氏はその一部をIOCのラミーヌ・ディアク委員への招致関連活動費に充当したと報じたのである「ロイター、2020・3・31」。これに関して毎日新聞がロイター通信の転電記事と、五輪招致疑惑をめぐる竹田恒和JOC会長（当時）の辞任記事と計2本（5・0%）で高橋氏の実名を掲載した。また、日経新聞はこの疑惑に関するパリ発の共

読売新聞（比率）		毎日新聞（比率）		日経新聞（比率）		4紙合計（比率）	
92年2月18日		09年10月15日		03年3月3日		92年2月18日	
22年8月18日		22年8月18日		22年8月18日		22年8月18日	
38		40		37		151	
6	15.8%	2	5.0%	2	5.4%	16	10.6%
0	0.0%	0	0.0%	0	0.0%	0	0.0%
6	15.8%	12	30.0%	6	16.2%	33	21.9%
0	0.0%	2	5.0%	1	2.7%	3	2.0%
0	0.0%	0	0.0%	0	0.0%	0	0.0%
0	0.0%	0	0.0%	0	0.0%	0	0.0%
21	55.3%	21	52.5%	21	56.8%	77	51.0%
0	0.0%	4	10.0%	1	2.7%	5	3.3%
5	13.2%	5	12.5%	8	21.6%	25	16.6%
1	2.6%	0	0.0%	0	0.0%	2	1.3%
22年8月18日朝刊		20年4月1日朝刊		20年4月1日朝刊			
22年7月20日朝刊		22年7月20日夕刊		22年7月20日夕刊			

同電１本（２・７％）で高橋氏の実名を掲載した。他方、朝日新聞と読売新聞には高橋氏の実名報道はなかった。これら４紙合計では３本（２・０％）であった。これら実名報道の抜粋を以下で紹介したい。

東京五輪：電通元専務に９億円　通信社報道　東京五輪、招致委から　賄賂性は否定

東京オリンピック・パラリンピック組織委員会理事を務める大手広告代理店「電通」元専務の高橋治之氏（75）が、２０２０東京五輪招致委員会から８２０万ドル（約８億９０００万円）を受け取り、IOC委員らにロビー活動をしていたとロイター通信が30日、報じた。高橋氏は毎日新聞の取材に「真実ではない。まるでうそ」と真っ向から否定した［毎日、２０２０・４・１］。

東京２０２０・決定から７年：招致巡り贈賄疑惑　竹田氏会見わずか７分

表３　五輪スポンサー新聞４社が出稿した「高橋治之」実名報道記事の比較

	朝日新聞	（比率）
記事掲載期間（最初）	92年11月16日	
記事掲載期間（最後）	22年8月18日	
「高橋治之」記事数	36	
第1期（スポンサー契約以前：～16年1月21日）	6	16.7%
うち、東京五輪招致疑惑	0	0.0%
第2期（スポンサー契約期間中：16年1月22日～21年12月31日）	9	25.0%
うち、東京五輪招致疑惑	0	0.0%
第3期（スポンサー契約終了後から大会組織委解散まで：22年1月1日～22年6月30日）	0	0.0%
うち、東京五輪招致疑惑	0	0.0%
第4期（大会組織委解散後から高橋氏逮捕当日まで：22年7月1日～22年8月17日）	14	38.9%
うち、東京五輪招致疑惑	0	0.0%
第5期（高橋氏逮捕翌日：22年8月18日）	7	19.4%
うち、東京五輪招致疑惑	1	2.8%
「五輪招致疑惑」高橋氏実名報道初出	22年8月18日朝刊	
「五輪スポンサー事件」高橋氏実名報道初出	22年7月21日朝刊	

ロイター通信は20年3月末、大手広告代理店「電通」元専務の高橋治之氏が招致委員会から820万ドル（約8億9000万円）を受け取り、IOC委員らにロビー活動をしていたと報じた。高橋氏は真っ向から否定しているが、ロイター通信が根拠としたのは招致委が開設した銀行口座の記録だ。招致委の理事長を務めていたのは竹田氏だった。招致委は13年にシンガポールの会社にコンサルタント料として計約2億3000万円を支払っており、そのカネが集票工作に使われた疑いを持たれている［毎日、2020・4・16］。

電通元専務に招致委が9億円、海外報道

【パリ＝共同】ロイター通信は31日、東京五輪・パラリンピックの組織委員会理事を務める広告代理店電通元専務の高橋治之氏が、五輪招致を巡り招致委員会から820万ドル（約8億9千万円）相当の資金を受け取り、IOC委員らにロビー活動を行っていたと報じた［日経、2020・4・1］。

こうしてみると、毎日新聞も日経新聞も、高橋氏の疑惑記事は海外通信社の記事を引用した消極的な実名報道といえよう。一方、五輪スポンサー疑惑の実名報道は第2期には無かった。第3期は五輪招致疑惑と五輪スポンサー疑惑共に、高橋氏の実名報道は皆無だった。組織委の解散から高橋氏逮捕までが第4期である。この期の高橋氏の実名報道は朝日新聞が14本（38・9％）、読売新聞が21本（55・3％）、毎日新聞が21本（52・5％）、そして日経新聞が21本（56・8％）であった。4紙合計では合計77本（51・0％）であった。これらのほとんどが立件前の五輪スポンサー疑惑に関する記事であった。この初出は2022年7月20日で、これは組織委解散約半月後、そして財政政策としての東京五輪に意欲的だった安倍晋三元首相の7月8日の銃撃事件以降にあたる。読売新聞が国内報道メディアに先駆けて7月20日朝刊で五輪スポンサー疑惑を報じた。五輪新聞4社では続いて毎日新聞と日経新聞が7月20日夕刊、そして朝日新聞が7月21日朝刊でそれぞれこの疑惑を報じた。いずれの記事も取材源を秘匿した。また、五輪招致疑惑に関する高橋氏の実名報道では、毎日新聞が4本（10・0％）と日経新聞が1本（2・7％）記事を出稿した。以下が五輪スポンサー疑惑をめぐる読売新聞記事の抜粋である。

五輪組織委元理事4500万受領か　東京大会スポンサー　AOKIから

東京五輪・パラリンピック組織委員会の高橋治之元理事（78）が2017年秋以降、自身が代表を務める会社と大会スポンサーだった紳士服大手「AOKIホールディングス」（横浜市）側の間でコンサル契約を結び、AOKI側から4500万円超を受け取っていた疑いがあることが関係者の話でわかった。理事は「みなし公務員」で職務に関する金品の受領を禁じられている。東京地検特捜部も同様の事実を把握し、コンサルは実態に乏しく、高橋氏への資金提供だった疑いがあるとみて慎重に捜査している［読売、2022・7・20］。

3. 高橋氏逮捕後に実名報道に切り替え、五輪招致疑惑にも言及

第5期は2022年8月18日の1日のみである。高橋氏の逮捕翌日であるこの日には各紙ともその容疑事実や関連する内容の記事を大量に出稿した。高橋氏の実名入り記事は朝日新聞が7本（19・4％）、読売新聞

が5本（13・2％）、毎日新聞が5本（12・5％）、そして日経新聞が8本（21・6％）。4紙合計では合計25本（16・6％）であった。このうちのほとんどが五輪スポンサー事件に関する内容であった。五輪招致疑惑に関する高橋氏の実名報道記事は朝日新聞が1本（2・8％）と読売新聞が1本（2・6％）であった。一方、毎日新聞と日経新聞には無かった。4紙合計では合計2本（1・3％）であった。ここで、五輪招致疑惑に関して特徴的だったのが朝日新聞と読売新聞である。両紙は高橋氏逮捕に至るまで、五輪招致疑惑に関係する高橋氏の実名報道は皆無であった。それが逮捕直後に一転したのである。以下がこれらの実名報道を抜粋した内容である。

まず、朝日新聞は記事『（五輪汚職：上）祭典の影、カネ呼んだ存在感　高橋元理事、海外スポーツ界要人と人脈』で、五輪アナリストの春日良一氏の談話として、「招致時に集票のための買収工作の疑いが持たれたコンサルタント会社との契約にも絡んでいると取り沙汰された人でもある。高橋元理事に招致活動を頼ったのが問題で、こういう人物を理事にするべきではなかった」［朝日、2022・8・18］と間接的に報じた。

同様に読売新聞は『［スキャナー］五輪利権　証拠固め　東京地検特捜部「事業要望文書」入手』で、「今回の事件の舞台となった東京五輪では、日本の招致委員会がシンガポールのコンサル会社に計約2億3000万円を送金した疑惑が2016年に浮上。（中略）この疑惑では高橋容疑者が代表を務める「コモンズ」の名前も取り沙汰された」［読売、2022・8・18］と軽く触れるに留まった。

利害関係が完全に消失する組織委解散まで、五輪新聞4社による五輪招致疑惑と五輪スポンサー疑惑に関する積極的な実名報道は皆無だった。特に、朝日新聞と読売新聞は逮捕直後に突如として五輪招致疑惑に関する高橋氏の実名報道に踏み切ったのである。しかも識者の談話や本文の追加のような体裁で、消極的な実名報道であった。

これらから取材対象との利害関係の有無によって朝日新聞と読売新聞が編集方針を変えているように見える。また、疑惑渦中にある人物の実名報道は捜査当局の判断に依存しているかのようだ。ＢＣＣＩ事件とパナマ文書事件では、五輪新聞４社は捜査当局の司法判断以前から、疑惑のある人物について実名報道をしてきた。ここからも五輪新聞４社の編集方針に一貫性があるとは考えにくい。次に、ＢＣＣＩ事件とパナマ文書事件のそれぞれと比較しながら、五輪招致疑惑の報道内容の特徴を考察していきたい。

Ⅵ　東京五輪とジャーナリズム、取材対象との利害関係を焦点に

スケールの大きさや範囲の広さなどＢＣＣＩ事件やパナマ文書事件ほどではないにせよ、五輪招致疑惑はオリンピックそのものの存在意義に関わる重要な問題である。しかも、五輪招致の不正買収は東京五輪だけでなく過去の五輪招致でも毎回のように行われてきた。ここで五輪新聞４社の五輪招致疑惑に関する報道状況の調査結果を示したい。それぞれの新聞社の記事アーカイブで「五輪招致疑惑」をキーワード検索すると、記事数は朝日新聞で１１２本（１９９８年12月18日―２０２０年９月24日）、読売新聞で１１３本（１９９８年12月13日―２０２１年２月14日）、毎日新聞で１７６本（１９９８年12月24日―２０２１年１月31日）、日経新聞で84本（１９９８年12月23日―２０２１年12月４日）、４紙合計で４８５本を確認した（表２）。

これらの記事の中には２０２０年夏季五輪招致のほか、１９９８年冬季五輪招致、２００２年冬季五輪招

致、２０１６年夏季五輪招致それぞれの買収疑惑・事件が含まれる。五輪新聞４社が高い関心をもって五輪招致買収問題を報道してきたことが分かる。しかも、２００２年ソルトレイク五輪や２０１６年リオデジャネイロ五輪の招致疑惑では捜査当局による逮捕・起訴以前やＩＯＣの処分決定以前から五輪新聞４社それぞれが海外メディアの記事を引用しながら疑惑の人物の実名報道に踏み切っていた［読売、１９９９・１・16、日経、１９９９・３・15、朝日、１９９９・１・15、毎日、１９９９・１・９］。疑惑渦中の人物の実名報道がほとんど無かった東京五輪の五輪招致疑惑とは対照的である。

１．「五輪招致疑惑」のニュース価値

一般に同一案件で出稿数とニュース価値は正比例する。ここで五輪招致疑惑、ＢＣＣＩ事件とパナマ文書事件それぞれについてのニュース価値を考えてみたい。そこで、米コロンビア大ジャーナリズム大学院のメルビン・メンチャー教授が示したニュース価値の決定要因を見てみよう。これには、①新鮮度を示す「時間性」、②社会への影響度を示す「インパクト性」、③取材対象の社会での認知度を示す「著名性」、④情報需要者との物理的あるいは心理的距離を示す「近接性」、⑤紛争や戦争などの「対立性」、⑥一時的な社会での拡がりを示す「流行性」、そして⑦ジャーナリスト個人の価値観による「必要性」などがある［花田・ニューズラボ研究会、２００４］。ニュース価値が高い場合、記事数が増加すると共に、報道内容も詳細になる。またより一層の情報源の開示と実名報道が求められる。

ＢＣＣＩ事件とパナマ文書事件、そして五輪招致疑惑はいずれも国際的な犯罪でインパクト性と著名性という点でニュース価値が高かったと考えられよう。また、自国開催の東京五輪の招致疑惑は日本国民にとっ

て物理的かつ心理的な近接性が高かった。一方、ＢＣＣＩ事件とパナマ文書事件は海外の事件であり、日本の為政者らの犯罪への関与は見当たらず、物理的あるいは心理的な近接性は低かったと考えられる。つまり、近接性というニュース価値からすると、ＢＣＣＩ事件やパナマ文書事件よりも五輪招致疑惑のほうが詳細かつ実名による報道記事が多くなると考えられる。

次に、五輪新聞4社が報じた五輪招致疑惑に対して、ＢＣＣＩ事件とパナマ文書事件との記事の量と内容について比較検討したい（表2）。そこで、ここでは「五輪招致疑惑」、「ＢＣＣＩ」そして「パナマ文書」というそれぞれのキーワードを記事の見出しと本文中に含む記事数を調査した。ただし、キーワードの設定方法等によって検索漏れがある可能性に留意されたい。

これを前提に各新聞社のそれぞれの疑惑・事件についての全体的な出稿傾向を示したい。五輪新聞4社の合計では「五輪招致疑惑」が計４８５本に対して、「ＢＣＣＩ」事件では計４２２本（対「五輪疑惑」記事比率87％）、また「パナマ文書」事件では計８４２本（同1・74倍）であった。この結果、記事数からするとニュース価値は五輪招致疑惑とＢＣＣＩ事件はほぼ同程度、パナマ文書事件はこれらよりもニュース価値が高いと考えられる。

ＢＣＣＩ事件では発覚当初から関与が疑われた人物の実名報道が特徴的であった。例えば「取引先はノリエガ将軍（元パナマ最高実力者）、フセイン・イラク大統領、故マルコス・フィリピン大統領、オルテガ前ニカラグア大統領、武器取引の大立者のアドナン・カショギ氏らの名が含まれており、国家の資金を私有化し国外に退蔵する手助けもしたという［朝日、１９９１・7・22］」などである。さらにＢＣＣＩの表現に関しても、「史上最も汚い銀行」［朝日、１９９１・7・22］「史上空前の悪徳銀行」［日経、１９９１・8・9］、「空前の悪徳銀行」「闇の銀行」［毎日、2001・12・3］、「世界一汚い銀行」［読売、1991・8・15］、などと主観的で強く糾弾する表現で批判した。

ＢＣＩ事件やパナマ文書事件は五輪招致疑惑よりも近接性に関するニュース価値は低い。にもかかわらずこれらの事件で五輪新聞4社は疑惑の渦中であっても公人ならば実名報道が基本であった。五輪新聞4社は2002年ソルトレイク五輪と2016年リオデジャネイロ五輪ではこれらの組織委とは経済的な利害関係は無かった。これら五輪大会の招致疑惑で、五輪新聞4社は捜査当局による立件以前やＩＯＣからの追放処分以前から嫌疑がかけられた公人の実名報道をしていたのである［読売、1999・1・16、日経、1999・3・15、朝日、1999・1・15、毎日、1999・1・9］。

東京五輪の招致疑惑でもＩＯＣやＪＯＣ、組織委や電通からの公人・準公人が多く関わっていた。この疑惑は国内の著名な人物や組織も関与していたことから、物理的かつ心理的な近接性のニュース価値が高かった。にもかかわらず、五輪新聞4社は英ガーディアン紙や仏ルモンド紙、そして英ロイター通信などの海外報道メディアや、ＦＡＣＴＡなど国内独立系メディアに圧倒されてしまった。

五輪招致疑惑の英ガーディアン紙の記事では疑惑の渦中にあった電通の実名報道がされたが、それを引用した国内テレビ局のニュースや情報番組では電通の名称が削除されたり、「Ｄ社」などと表記されたりした。これに関して、ネット上では電通への忖度だとテレビ局への批判が相次いだのである。パナマ文書事件では犯罪とまったく関係の無い人物や企業まで実名報道してきた五輪新聞4社であったが、五輪招致疑惑では海外報道メディアの実名報道や捜査当局の司法判断によって、ようやく疑惑渦中の人物や組織の実名報道に踏み切ったのである。

組織委とスポンサー契約時に、朝日新聞社の渡辺雅隆社長（当時）は「公正な報道を貫き」と宣言していた。だが、以上の報道実態からは言行不一致のようにみえる。五輪スポンサー選定事件と五輪招致疑惑は共に組織委との利害関係が完全に消滅したのちに疑惑渦中の高橋氏の実名報道が本格化した。これらはBCCI事件やパナマ文書事件、そして2002年ソルトレイク五輪や2016年リオデジャネイロ五輪の招致疑惑での実名報道姿勢とは対照的である。こうしてみると、五輪新聞4社は取材対象との利害関係の有無や捜査当局の判断によって、実名報道の判断に影響が出ているようだ。

2．記者クラブ発の横並び報道の典型例、半日で追いつかれた新聞協会賞受賞記事

2022年9月7日、日本新聞協会が2022年度新聞協会賞のニュース部門で、読売新聞東京本社五輪汚職事件取材班による「五輪汚職事件」を巡る一連のスクープを授賞した［新聞協会、2022a］。その理由は以下とした。

「読売新聞東京本社は、東京五輪の組織委員会理事とスポンサー企業の間で不透明な資金移動があり、東京地検特捜部が捜査を進めている事実を2022年7月20日付朝刊で特報した。世界的に注目を集める五輪を舞台にした贈収賄疑惑を察知し、検察だけでなく幅広い関係者に裏付け取材を重ねた。容疑者逮捕の1か月近く前のスクープは、日本にとどまらず世界に大きな衝撃を与えた。巨額の五輪マネーに厳しい視線が注がれる中、日本のスポーツビジネスの第一人者に疑惑が持たれている事実をいち早く国民に知らせた報道として高く評価され、新聞協会賞に値する」。

ただし、「日本のスポーツビジネスの第一人者に疑惑が持たれている事実をいち早く」との部分は事実とは異なる。実際には英ガーディアン紙など複数の海外報道メディアは読売報道の6年前から五輪招致疑惑を国内報道メディアに先駆けて高橋氏の実名報道をしてきた。ここで、この「特報」に関する五輪新聞4社の報道の経緯を振り返ってみよう。まず、読売新聞が受賞した「特報」の冒頭部分である。

読売新聞［2022・7・20朝刊1面］「五輪組織委元理事4500万受領か　東京大会スポンサー　AOKIから」

「東京五輪・パラリンピック組織委員会の高橋治之元理事（78）が2017年秋以降、自身が代表を務める会社と大会スポンサーだった紳士服大手「AOKIホールディングス」（横浜市）側の間でコンサル契約を結び、AOKI側から4500万円超を受け取っていた疑いがあることが関係者の話でわかった。理事は「みなし公務員」で職務に関する金品の受領を禁じられている。東京地検特捜部も同様の事実を把握し、コンサルは実態に乏しく、高橋氏への資金提供だった疑いがあるとみて慎重に捜査している。」

傍線部は筆者が追加した。以下同様である。これに続いて同20日午後、毎日新聞夕刊と日経新聞夕刊が後追いの記事を掲載した。以下がそれらの記事である。

毎日新聞［2022・7・20東京版夕刊一面］「東京五輪・パラリンピック：組織委元理事、4500万円受

領か　東京五輪スポンサー、ＡＯＫＩから」

「（前略）２０１７年９月から大会閉幕までに計約４５００万円を受領した疑いがあることが関係者への取材で判明した。理事は「みなし公務員」として職務に関する金品の受領を禁じられている。東京地検特捜部も同様の情報を把握しており、資金提供の趣旨などを慎重に捜査している模様だ。」

日本経済新聞［２０２２・７・20夕刊11頁］「東京五輪組織委元理事、４５００万円受領か　スポンサーのＡＯＫＩから「コンサル料」　地検が捜査」

「（前略）計約４５００万円を受領していた疑いがあることが２０日、関係者の話で分かった。組織委理事は法令で「みなし公務員」と規定され、職務に関する金品受領は禁じられている。東京地検特捜部も一連の経緯を把握。関係者からの事情聴取などを進め、資金提供の趣旨などを慎重に調べているもようだ。」

最後に朝日新聞が翌7月21日の朝刊一面で同様の記事を掲載した。

朝日新聞［２０２２・７・21朝刊1面］「組織委元理事、４５００万円受領か　東京五輪スポンサー・ＡＯＫＩから　東京地検捜査」

「（前略）計約４５００万円を受け取っていたことが、関係者への取材でわかった。組織委の理事らは「みなし公務員」と規定され、職務に関して金品を受領すると刑法の収賄罪にあたりうる。東京地検特捜部もこうした資金の流れを把握し、趣旨などを捜査している。」

日本新聞協会賞は日本国内の報道メディア界で歴史と権威がある表彰とされる。確かにこの情報を射止めるには現場記者にはかなりの取材努力があったろう。ただ、この件に関する五輪新聞4社の報道内容を振り返ると、これらの記事がかなり似通っている。いずれの記事も「関係者」と情報源を秘匿したと共に、情報源が東京地検特捜部であることを否定した。記事内容も似たり寄ったりで、しかも出稿の時間差はほとんどない。果たして半日程度で追い付くことができた読売新聞の「前打ち」報道が、国内の一年間で最も優れた「特報」といえるのだろうか。

これら記事を執筆したのは大手報道メディア各社の司法記者クラブに所属する記者であった。表向きにはこの記者クラブはクラブ開放を掲げるが、実際にはそこで開かれる民間人の記者会見などに限定される。捜査官との懇談といった「密会」の現場にクラブ員以外は立ち会うことはまず不可能である。五輪スポンサー事件の捜査情報を一手に握る東京地検特捜部から情報漏洩無しにこれらの記事は成立しえない。極秘扱いの捜査情報が外部に漏れていたとすれば、それは東京地検特捜部の危機管理体制に問題がある。それを「関係者によると」とお茶を濁して報道すること自体、報道メディアの市民社会への誠実性に疑問符が付く。この事件でも公権力の情報操作を許した記者クラブ発の横並び報道が繰り返されたのである。

こうした国内報道メディアの取材源との構図はどこか既視感がある。五輪スポンサー契約そのものである。五輪新聞4社が横並びで組織委と同日契約を締結した。組織委という公的な組織と、公器を自負する新聞社の間の利害契約にもかかわらず、契約の経緯や内容についてはほとんどが非公開である。にもかかわらず、「組織委は文書の作成基準などを公開しておらず、情報公開制度の対象でもない。組織委が解散後、資料がどこまで明らかになるのかは不透明だ」と批判記事まで出稿した［朝日、２０２２・２・12］。これからは、五輪スポンサー契約の情報開示をめぐって、五輪新聞４社のダブル・スタンダードが透けて見える。

ジャーナリズム倫理では、情報源が社会的な困難あるいは生命的な危機に瀕しない限りその開示が原則である。これは情報内容の真実性や正確性を担保すると共に、読者への信頼性や誠実性を向上させるためである。情報源を秘匿する場合、情報源による情報操作のリスクが常にまとわりつく。その記事自体が「フェイクニュース」となり、市民社会に不利益を及ぼすことにつながる。

3．新聞業界で自画自賛、置き去りにされた公正な報道

ここで批判が絶えない記者クラブ発の前打ち報道にお墨付きを与えた日本新聞協会の組織的な特徴を観察したい。会長に丸山昌宏（毎日新聞社会長）、副会長に中村史郎（朝日新聞社社長）、理事に松木健（毎日新聞社長）、山口寿（読売新聞東京本社社長）、長谷部剛（日本経済新聞社）社長が名を連ねる。つまり、協会幹部のほとんどが五輪新聞４社の出身である［新聞協会、２０２２b］。この「お友達内閣」のような日本新聞協会の仲間内で五輪スポンサー事件報道を自画自賛しつつ権威付けをして、報道メディアの構造的な問題や致命的な失態を隠蔽しているかのようである。そして、報道メディア自体の情報源との独立性やその透明性に関わる倫理的な問題はうやむやにされる。

以上の検証結果からは、五輪招致疑惑や五輪スポンサー事件を俯瞰すると五輪に関する報道メディアの制度的な欠陥が浮かび上がる。「ウォッチ・ドッグ」や「社会の木鐸」としての機能が報道メディアに求められる。そこで事実関係への批判的視座と市民社会への誠実性を担保するため、報道メディアには取材対象と

利害関係を回避する「経済的な独立」、取材対象の信条・思想に対する「政治的・精神的な独立」、そして取材対象と外見的な疑義を回避する「外観的な独立」の3つの独立性が求められる。東京五輪では組織委とのスポンサー契約と組織委への委員委嘱で五輪新聞4社にこれらの独立性が毀損された状況に陥った。この結果が、利害関係の有無や捜査当局の判断に影響されたご都合主義的で一貫性を欠いた五輪新聞4社の五輪招致疑惑に関する実名報道に関する編集方針と報道内容であった。

こうした五輪報道を含めた日本国内のジャーナリズムは諸外国からどう評価されているのだろうか。国際的な記者集団である国境なき記者団は2022年版の「報道の自由度ランキング」で、世界180カ国・地域中、日本を71位にランクした。民主主義と自由主義が尊ばれる先進国で最下位である。そして、その理由にはこう記されていた。「伝統やビジネス上の利益のために、記者が権力の監視役としての役割を完全に果たすことができない場合が多い」[RWB、2022]。東京五輪ではこの指摘がまさに的を射ていたのである。

※本章は朝日新聞『論座』に掲載された以下の連載記事の加筆修正原稿を含む。「五輪新聞社は、疑惑渦中の高橋治之氏をどう報じてきたのか〈第1回〉組織委や電通との利害関係が筆を鈍らせたことはなかったか（2022年9月12日）、「五輪汚職のもう一輪「IOC委員買収疑惑」に及び腰だった日本のメディア〈第2回〉「時計」で結ばれた高橋治之氏と謎のコンサルタントの「糸」（2022年9月22日）、「賄賂額」と「経済波及効果」五輪をめぐる二つのあやふやな数字〈第3回〉新聞社は垂れ流し報道を反省し検証を（2022年10月4日）、「疑わしきを白日の下にさらす」役割を果たしたパナマ文書報道〈第4回〉五輪招致疑惑でこの姿勢は貫徹されたのか？（2022年10月24日）、東京五輪招致の買収疑惑で高橋治之

氏の実名報道に及び腰だった新聞社〈第5回〉逮捕後に実名切り替え　パナマ文書事件とは対照的な対応（2022年11月8日）

【引用文献】


相川俊英（1998）『長野オリンピック騒動記長野オリンピック騒動記』、草思社。

朝日新聞社（1952）『朝日新聞綱領』。

朝日新聞社（2006）『朝日新聞記者行動基準』。

外務省（2007）2007 Autumn Conferment of Decorations on Foreign Nationals.

浜田純一（1990）『メディアの法理』、日本評論社、74—114頁。

花田達朗・ニューズラボ研究会編（2004）『実践ジャーナリスト養成講座』、平凡社、36—39頁。

平田秀介ら（2016）「2020年東京五輪パラリンピック関連の記者クラブと記者会見に見る「取材報道の自由」と「国民の知る権利」に関する考察」、『情コミ・ジャーナル』（9）、68—83頁。

本間龍（2016）「公取は電通にメスを入れよ」、月間日本。

本間龍（2021）『東京五輪の大罪——政府・電通・メディア・IOC』、ちくま新書。

国際オリンピック委員会（IOC）（2021）「オリンピック憲章」、国際オリンピック委員会。

Kochan, N. & Whittington, B. 著、石山鈴子訳（1992）『犯罪銀行BCCIの興亡—金融エスタブリッシュメントに挑戦したイスラム銀行』、徳間書店。

Kovach, B. & Rosenstiel, T.（2001）"The element of Journalism: what newspeople should know and the public should expect" Three Rivers Press. 94—110頁。

毎日新聞社（1977）「編集綱領」。

村上聖一（2005）「『1948 年編集権声明』成立の背景：GHQ占領政策転換と日本側メディアの対応」、『情報化社会・メディア研究』、75―84頁。

日本経済新聞社（２０２０）『行動規範』。

日本民間放送連盟（民放連）（２０１４）「２０１８年～２０２４年のオリンピック放送権の獲得について」。

日本新聞協会（新聞協会）（２０００）『新聞倫理綱領』。

日本新聞協会（新聞協会）（２０２２ａ）２０２２年新聞協会賞・日本新聞協会。

日本新聞協会（新聞協会）（２０２２ｂ）組織・日本新聞協会。

西村幸雄（１９５０）「編集権・プレスコードをめぐる労働関係」、『法律文化』５（１）、46―52頁。

Reporters without Borders (RWB)（２０２２）Press Freedom Index.

衆議院（１９９１）ＢＣＣＩの経営破綻に関する質問主意書。

週刊金曜日取材班（２０１８）『新装版　電通の正体』、金曜日。

Society of Professional Journalists (SPJ)（２０１４）"SPJ Code of Ethics".

田崎健太（２０１６）『電通とＦＩＦＡ　サッカーに群がる男たち』、光文社新書。

東京五輪パラリンピック競技組織委員会（組織委）（２０２１ａ）「組織委員会について」。

東京五輪パラリンピック競技組織委員会（組織委）（２０２１ｂ）「メディア委員会」。

東京都（２０１４）２０２０年オリンピック・パラリンピック競技大会招致活動報告書（２０１４年４月）。

東京都（２０１７）東京２０２０大会開催に伴う経済波及効果（試算結果のまとめ）平成29年４月 東京都 オリンピック・パラリンピック準備局。

内川芳美・新井直之編（１９８３）『日本のジャーナリズム』、有斐閣。

読売新聞社（２００１）『記者行動規範』。

あとがき

オリンピックの歴史や問題点を記録したい。

新型コロナウイルスの感染拡大下の東京オリンピックはいったい、何だったのか。オリンピックの肥大化はなぜ、続くのか。マス・メディアのていたらくはなぜ、なのか。それが、僕らの共通の問題意識の肝だった。

僕は、夏季オリンピックは1988年ソウルオリンピックから、2021年の東京オリンピックまで9大会すべて、現場で取材をしてきた。立場が途中から、共同通信社の記者からフリーランスの記者に変わった。対象は、主に選手や指導者たちだったが、国際オリンピック委員会（IOC）や大会組織委員会のマーケティング戦略、オリンピック運営などもカバーしてきた。

初めて小田光康さんに会ったのは、もう随分前、1996年アトランタオリンピックのときだった。共同通信取材チームとして、一緒に地べたを這うようにして取材したものだった。

小田さんはその後、共同通信を離れ、米国の五輪専用メディア「アラウンド・ザ・リングス（ATR）」の記者として、オリンピックの問題点を追いかけてきた。1年延期の東京オリンピックの競技会場で、オリンピックやマス・メディアの現状について、よく議論したものだ。

2022年夏の暑い日。小田さんから突然、一本のメールが届いた。〈東京オリンピック取材を卒業しました。ジャーナリストを辞めます〉とあった。驚いた。僕も、日本で開催された東京オリンピックでオリンピック取材から離れようと考えていたからである。実は小田さんも僕も、スポーツ・ジャーナリストでありながら、大学の教員でもある。いわば〝二刀流〟なのだった。

そこで、知的感受性豊かな若者にオリンピックを考えてもらうため、これまで書いてきたオリンピックについてのコラム、考察などから幾つかを抽出し、一緒に一冊の本にまとめようということになった。膨大な量の原稿から、若者の思考力や想像力を刺激するものを極力選んだつもりである。

オリンピックは大会を重ねるごと、政治と経済に取り込まれ過ぎるようになってきた。だから、オリンピックの招致やスポンサー絡みの汚職事件、大会の談合事件が起きたのだろう。検察の捜査が入ると、マス・メディアは〝これでもか〟と容疑者たたきを始めた。いつものごとく、手のひら返しで。

2022年6月30日、東京五輪・パラリンピックの準備や運営を担った大会組織委員会が解散した。直後の7月8日、安倍晋三前首相の銃撃事件が起きた。東京地検特捜部は7月26日、27日、安倍前首相と親しかった大会組織委員会元理事の高橋治之・元電通専務の自宅兼事務所と、電通本社に家宅捜索に入った。高橋氏の容疑はスポンサー選定に絡む受託収賄容疑だった。

何が起きていたのだろう。「大手広告代理店」はもはや、スポーツビジネス界の強大パワーである。スポーツ現場と主催者、スポンサーなどのステークホルダー（利害関係者）とをつなぐ〝フィクサー的存在〟といったところか。おカネを出そうという人・組織があるから、仲介・調停する人・機関が必要になってくる。グローバル化していくと、魑魅魍魎、より利権が拡大、かつ複雑になっていく。

では、問題は何なのか。広辞苑的な見方からすれば、①公正か否か、②陰か日向か、③報酬の正当性―の3点といったところか。①は、メガスポーツイベントが成功するか否か。あるいは、オリンピックが隆盛に向かうか否か、ということで評価できるのではないか。この点では、電通はうまくやってきたのだろう。いや、電通無くして、オリンピックの円滑な運営は難しかったかもしれない。

②は、おカネ絡みのものごとを調整するためには、「陰」的なもの、黒子役が必要だと考えている。お天道様の下でというのは、妄想に過ぎないだろう。③が一番問題か。報酬の多寡である。確かに電通は取り過ぎている。でも、それは法に触れているのか。東京地検特捜部の捜査のポイントはここだろうが、「談合」は必要悪であるという見方もあるのだろう。

要は、電通が一強ゆえの事件や疑惑であったとみることができる。スポーツビジネスの世界でも電通に競争・対抗する広告代理店があれば、状況は変わっていただろう。また、マスメディアが監視機能を少しは発揮していれば、大事には至らなかったと考える。

かつて、とくに新聞は「社会の木鐸（ぼくたく）」と呼ばれていた。木鐸とは、昔の中国で法令などを人々に触れ歩く際に鳴らした大きな鈴で、広辞苑には「世人に警告を発し、教え導く人」とある。でも、今は、どうなのだろう。2022年師走某日。元博報堂の知人から、こう言われた。怒っていた。「木鐸はいずこ。ウォッチドッグ（監視役）と呼ばれていたメディアは機能不全状態になっている」と。

こう続く。「プレスの観察眼のレンズの濁り、サーチ力の無さ、質問下手、判断力・批判力・決断力・称賛力の幼稚さ、言語の用法に新味も工夫もナシ、取材はやっても、骨抜きの解説や推論や後追い一方で区切りなし、伝聞・のべつ幕なしの引用、現場取材軽視の〝こたつ記事〟、論説と称してコピペの横行（デジタル情報の脆弱性・過去の原稿の安易な焼き直し）、真偽の中身や信ぴょう性を確認もせずに大学教授や自称他称の評論家や専門家を重用…。そこにはインテグリティ（高潔性）やディグニティ（尊厳）も感じられない。あるのは印象論、感情論だけ。コンプライアンス（法令遵守）という言葉がはやると、何でもかんでもそれで仕切ろうとする音痴さ。おカネと時間があるから一応取材行動力は発揮する。しかし、取材内容の理解力と加工力が追いつかない。リテラシー（知識や能力を活用する力）の劣化が歴然。ああ…キリがない」

結局は、と続け、こう吐き捨てた。

「横行するメディアの不勉強！」

誤解を恐れずに言えば、そもそも「談合」は古来の日本的価値観では必要悪ではなかったか。無自覚の罪と言ってもいい。オリンピックやサッカー、ラグビーのワールドカップを長く取材してきて思うのは、日本国内の組織委員会の場合、そのいびつな構造ゆえの電通などの専門集団頼みという側面がある。何故かといえば、ほとんどが「出向」という未経験の人が多すぎるからである。組織委員会から報酬をもらうわけでもなく、専門知識もノウハウも持ち合わせていない。責任もない。ただ多くの出向者は常々、利益を出向元に還元しようと企んでいる。

東京五輪・パラリンピック組織委員会は五輪期間中には約7千人にまで膨らんだ。構成は3割が都、国、自治体から、2割がスポンサーなどの民間企業やスポーツ団体から、5割が契約社員（プロパー）だった。

構造上、マーケティングに詳しい組織委の高橋治之元理事、電通から大会運営局に出向していた職員に権限が集約されるのは仕方なかろう。電通の商魂と実行力がまかり通ることになる。

マス・メディアのオリンピック担当記者は薄々、今回の汚職や談合事件に気が付いていたのではないか。ただ、組織委員会やスポーツ団体の幹部に嫌われるような記事を書くことはできない。とくに大手新聞社が、東京五輪・パラリンピック組織委員会のスポンサーとなっているのだから、ネガティブな報道は避けざるをえなかったと考えるのが妥当だろう。

オリンピックを取り巻くメディア環境も激変してきた。新聞、テレビの時代からインターネット・メディア全盛の時代となっている。ツイッターなどのSNSの影響力は拡大している。結果、情報の正確さよりも記事やニュースのアクセス数が経済的価値を生み出すことになってしまった。関心がカネを生み出すためのビジネスモデル、いわゆる「アテンション・エコノミー」、クリックこそカネが昨今の風潮である。全国紙とて、デジタル版のネットサービスに軸足を移しつつある。

今回、いささか驚いたのは、メディア考察のなかの質的調査（インタビュー）において、全国紙の記者が「新聞の公共的な使命」に言及したことだった。相対的な影響力低下の危機を感じながら、「記者行動規範・基準」として、正確かつ公正な報道と良識ある取材に関する具体的な規範（ルール）によって、ネットメディアとの差別化を図ろうとしていることだった。

つまり、情報の信頼度である。確認、裏付けなど必要な取材を尽くし、粘り強く真実に迫ろうとしている。新聞メディアが生き残る道はこの信頼度へのこだわりだろう。

スポーツは歴史である。僕は、ずっと「温故知新」を肝に銘じてきた。ここで考える。東京五輪・パラリンピックの検証は行われたのか。最終経費が1兆4238億円だったという数字は示されたが、大会運営の実態、収支の細目、課題はほとんど公にはされていない。

大会の運営規模も巨大になり、アスリートのマインドも変わってきた。2022年冬の某日、かつて勤務した共同通信社の先輩記者の出版祝いで、たまたま1964年東京オリンピック、68年メキシコシティオリンピックの重量挙げ金メダリストの三宅義信さんにお会いした。当時83歳。三宅さんは寂しそうにおっしゃった。

「いま、若者に夢があるのかないのかわからない。アマチュア時代、僕は国のため、世のため、死に物狂いでバーベルを握った。でも、今は自分のため、カネのため…」

日本オリンピック委員会（JOC）と北海道・札幌市は2030年冬季五輪招致を目指している。IOCと札幌市は既に「当確」で手を握っているようだが、東京五輪・パラリンピックをめぐる汚職事件や談合事件を精査した上で、招致を再検討すべきである。なぜ招致についての住民投票を再度、しないのか。

加えて、2019年12月8日、中国・武漢で新型コロナウイルス感染者が確認され、世界中に蔓延した。北京冬季オリンピックが閉幕した直後の2022年2月24日には、ロシアがウクライナに軍事侵攻し、街をミサイルで壊した。子どもたち一般人が犠牲になっている。またメディア報道は小さくなったけれど、アフガニスタンやミャンマーの悲惨な人道危機の状況はつづいている。

僕はまだ、オリンピックに対しての期待を完全には失っていない。アスリートの挑戦、メディアの奮闘、見る人々の興奮、青いけれど、子どもたちの笑顔があるからである。オリンピックは世の中が「平和」「平穏」でなければ、開催できない。だから、オリンピックは「平和の祭典」と呼ばれ、貴いのである。

最後に。

願わくば、マスメディアの記者よ、もっと事柄の内実を取材してほしい。そして、学生諸君、みなさん、オリンピックの歴史や価値、問題点に触れ、あるべき姿を論議してほしい。新聞、本を読んで、考えて、考えて、考えてほしい。いわば、この本が、オリンピックの思案の契機になれば幸いである。

２０２３年３月３日　　松瀬　学

■執筆者プロフィール

松瀬　学（まつせ・まなぶ）

日本体育大学スポーツマネジメント学部教授。早稲田大学社会科学部社会学科卒業、同大学ラグビー部OB。同大学院スポーツ科学研究科修士課程修了、東京大学大学院教育学研究科（研究生）修了。共同通信社で記者として活動後、スポーツ・ジャーナリストとして多様なスポーツ競技やオリンピック、サッカー、ラグビーW杯などの国際大会を取材。ラグビーW杯2019組織委員会広報戦略長も務めた。専門はスポーツ社会学、スポーツジャーナリズム論、メディア論、スポーツマネジメント論。日本文藝家協会会員。著書は『汚れた金メダル－中国ドーピング疑惑を追う』（文藝春秋社）『スポーツマネジメント入門』（共著・晃洋書房）など多数。

小田光康（おだ・みつやす）

明治大学情報コミュニケーション学部准教授。米ジョージア州立大学経営大学院修士課程修了、東京大学大学院人文社会系研究科修士課程修了、同大学院教育学研究科博士課程満期退学、及び同大運動会スキー山岳部OB。専門はジャーナリズム教育論・メディア経営論。米Deloitte & Touche、共同通信、米Bloomberg News、ライブドアPJニュースなどを経て現職。米五輪専門メディアATR記者を兼任。国内会計不正事件の英文連載記事で米New York州公認会計士協会賞。著書に『スポーツ・ジャーナリストの仕事』（出版文化社）、『パブリック・ジャーナリスト宣言。』（朝日新聞社）など。

東京五輪とジャーナリズム

2023年3月30日　第1刷発行

著　者　松瀬　学・小田光康
発行者　鴨門裕明
発行所　㈲創文企画
〒101−0061 東京都千代田区神田三崎町3−10−16 田島ビル2F
TEL：03−6261−2855　FAX：03−6261−2856
http://www.soubun-kikaku.co.jp
装　丁　オセロ
印　刷　壮光舎印刷㈱

ISBN 978-4-86413-173-5